本书为吉林省社科基金项目"地方应急管理中社会组织参与研究"（2017B74）研究成果。

新视界 新观察

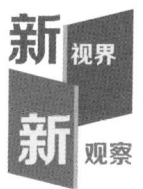

地方应急管理中的社会组织参与研究

李琦 ● 著

Research on the Participation of Social Organizations in Local Emergency Management

中国社会科学出版社

图书在版编目（CIP）数据

地方应急管理中的社会组织参与研究/李琦著 . —北京：中国社会科学出版社，2022.12
ISBN 978-7-5227-1161-4

Ⅰ.①地… Ⅱ.①李… Ⅲ.①突发事件—社会组织—参与管理—公共管理—研究 Ⅳ.①D035

中国版本图书馆 CIP 数据核字（2022）第 238396 号

出 版 人	赵剑英
责任编辑	黄　山
责任校对	贾宇峰
责任印制	李寡寡

出　　版	中国社会科学出版社
社　　址	北京鼓楼西大街甲 158 号
邮　　编	100720
网　　址	http：//www.csspw.cn
发 行 部	010-84083685
门 市 部	010-84029450
经　　销	新华书店及其他书店

印　　刷	北京明恒达印务有限公司
装　　订	廊坊市广阳区广增装订厂
版　　次	2022 年 12 月第 1 版
印　　次	2022 年 12 月第 1 次印刷

开　　本	710×1000　1/16
印　　张	14
插　　页	2
字　　数	195 千字
定　　价	78.00 元

凡购买中国社会科学出版社图书，如有质量问题请与本社营销中心联系调换
电话：010-84083683
版权所有　侵权必究

前　言

中国正致力于实现2035年建成富强、民主、文明、和谐、美丽的社会主义现代化强国的目标。虽然中国在政治、经济、文化、社会、生态文明建设等方面，已取得了重大的进展，尤其是我国已跻身世界第二大经济体，但是我国依然面临着非常严峻的公共危机治理挑战。我国国土面积位居世界第三位，人口数量位居世界第二位，数千年的文明演进中频频遭遇自然灾害的侵袭，工业文明的快速发展也带来了事故灾难的频发，在社会转型以及改革进入深水区的过程中，交织着复杂的利益、文化、宗教等诉求，风险因素不断叠加。突发公共事件及危机的发生，对人民群众的生命财产安全造成了严重的威胁。2020年以来暴发的世界范围的新冠肺炎疫情，对中国及世界的影响十分深远，对于中国应急管理工作提出了新要求、新挑战。

1998年特大洪水的抗击，2003年抗击"非典"的斗争，2008年汶川地震的应对，以及2020年以来新冠肺炎疫情的阻击等一系列重大突发公共事件的治理，为我们带来了深刻的启示。中国"一案三制"为主体的应急管理体系不断地完善和发展，以政府为核心的"统一指挥、功能齐全、反应灵敏、运转高效"的应急机制已经建立，社会组织、企业、公众越来越多地参与到应急管理之中并作出了重要的贡献，已形成了多元主体参与应急管理的新格局。

在现代社会中，社会组织愈发彰显了参与社会治理的功能与魅力。社会组织根植于基层，对于基层的社会需求有更敏锐的洞察力。近些年来，随着社会组织自身力量的不断发展壮大，越来越多地参与了部分公共服务与公共产品的供给，对于社会基层治理、社会资源的集结以及促进政府与公众之间的互动发挥了重要的作用。在民生领域、文化领域、教育领域、科技领域，都可以看到社会组织日益活跃的身影，贡献度不断提高。伴随着全球化的发展，科学技术水平的不断提升，不确定、不稳定的因素也越来越多，中国各级政府也面临着越来越多的新问题，需要及时有效地回应。在此过程中，"全能型"政府的理念日益受到挑战，即基于财政能力所限及公共事务的复杂性，政府不能有效解决所有的社会问题，政府亦不能十分健全地满足公众日益增长的个性化服务需要。为此，党中央就加强社会组织建设提出，坚持培育发展和管理监督并重，推动社会组织健康有序发展，发挥其承接服务、反映诉求、形塑行为的作用。其中，社会组织参与地方应急管理就是社会管理创新形势下重要的视点。在实现国家治理体系和治理能力现代化的背景下，对于社会组织有效参与地方政府管理的议题，进行深层次的研究，对于保障应急管理体系的进一步健全、应急管理能力的进一步提升、社会协同治理的增强以及保障社会主义和谐社会的顺利实现具有深远的意义。在社会组织参与应急管理实践取得重要进展的同时，这一议题也成为学术界和实践界关注的一大热点。

　　实践证明，应急管理中社会组织的参与，因其自身的志愿性、灵活性、专业性以及具有强大的自组织能力，能够在某些场景中有效弥补政府应急管理中资源、时间、人员及设备等方面的不足。绝大多数社会组织及其成员都是来自基层，大多具有明确的、以公共服务为导向的目标，成员具有较为强烈的志愿精神。从突发公共事件及危机的发生发展过程来看，社会组织通常能够在预警、应对以及恢复等各个环节发挥信息收集、传递以及多组织、多主体之间相互沟通的功能。同时，社会组织在应急管理参与过程中所表现的奉献精神和志愿精神，也激发了公众对于社会组织参与应急管理的信任，从而有助于形成公众参与社会公益事业、参与应急管理的良好社会氛围。因此，社会组织参与应急管理，不仅是社会组织作为社会成员一分子的责任，更有助于培育良好志愿精神的社会资本，形成"以点带面"的良好社会互助氛围。

诚然，应急管理机制是一项复杂、专业的系统工程，囊括应急准备、预警、处置以及重建恢复等多个阶段，涉及政府、公众、企业、社会组织等方方面面，涵盖政治、经济、文化、社会、科技等不同领域。在危机社会中，无论是政府、社会组织还是个体都不能单独应对突发事件。因而，建立多元互动的应急管理机制是必然选择。对于我国来说，社会组织依然处于发展壮大的过程中，力量还比较薄弱，在突发公共事件及危机应对中的能力也很有限。不过，以目前的发展进程看，随着社会组织能力的完善以及社会组织内部建设的完善，社会组织参与到应急管理之中，建立多元化、协调互动的应急管理机制是未来发展趋势。社会组织在公众与政府之间充当了信息交换、缓冲平衡的桥梁。在多元互动的应急管理机制中，社会组织的参与无疑会弥补市场失灵、政府失灵的缺憾，有助于提高地方应急管理的效率和公共服务供给的效能，促进社会向和谐方向发展。不可否认的是，在现时代的应急管理体系之中，政府因其拥有强大的公共权力、组织动员能力而居于主体地位。在政府应急指挥部门和专业人员的指挥下，吸收社会力量的参与和支持，才能成功应对各种危机和挑战。当然，其前提条件是社会组织自身要规范管理，实现自我的善治。

为了总结社会组织参与应急管理的经验，进一步完善我国应急管理体系及提升应急管理效能，故编写本书。由于应急管理的实践性、综合性非常强以及社会组织范畴十分广泛，本书在编写过程中力求运用理论和实践相结合的方法，尽量萃取社会组织参与应急管理的精华。希望本书可以为应急管理的实践者、研究者以及广大的社会组织参与主体，提供一定的参考。由于本书命题较为宏大，即社会组织参与应急管理的主体众多、形式不一、机制繁杂、效果多样，撰写过程中难免会出现种种疏漏及问题，恳请读者批评指正。

目　录

绪　论 ……………………………………………………………（1）
　　一　协商共治成为应急管理的趋势 ……………………………（1）
　　二　研究价值 ……………………………………………………（4）
　　三　研究综述 ……………………………………………………（5）
　　四　研究概念界定 ………………………………………………（21）
　　五　研究结构与方法 ……………………………………………（34）
　　六　研究重点难点与创新点 ……………………………………（36）

第一章　社会组织参与地方应急管理的理论基础 ………………（38）
　第一节　治理理论与社会组织参与 ………………………………（38）
　　一　治理理论的基本含义 ………………………………………（38）
　　二　治理理论回应了政府失灵的问题 …………………………（44）
　　三　治理理论的目标是协同治理 ………………………………（46）
　　四　治理理论与社会组织参与地方应急管理 …………………（48）
　第二节　自组织理论与社会组织参与 ……………………………（51）
　　一　自组织理论的基本含义 ……………………………………（51）
　　二　自组织理论回应了混沌无序的组织问题 …………………（54）
　　三　自组织理论的关键是系统的开放 …………………………（55）
　　四　自组织理论与社会组织参与地方应急管理 ………………（57）

第二章 社会组织参与地方应急管理的基本要素 (61)

第一节 社会组织参与地方应急管理的主体 (61)
  一 社会团体 (63)
  二 基金会 (65)
  三 社会服务机构 (66)
  四 网络社群 (68)

第二节 社会组织参与地方应急管理的内容 (70)
  一 物质参与 (70)
  二 智力参与 (73)
  三 技术参与 (75)

第三节 社会组织参与地方应急管理的功能 (81)
  一 预防与准备阶段 (81)
  二 监测与预警阶段 (83)
  三 处置与救援阶段 (85)
  四 恢复与重建阶段 (88)

第四节 社会组织参与地方应急管理的优势 (90)
  一 社会组织的志愿性有利于提升应急管理效率 (90)
  二 社会组织的灵活性有利于降低应急管理成本 (91)
  三 管理主体的多元性有利于应急管理体制改革 (92)
  四 应急管理系统的开放性有利于应急管理常态化 (93)

第三章 新时代我国社会组织参与应急管理的发展成效 (96)

第一节 社会组织参与应急管理的发展 (96)
  一 参与制度建设跨越式发展 (96)
  二 参与政策制定高质量发展 (100)

第二节 社会组织参与应急管理的成效 (107)
  一 参与保障不断强化 (107)

二	参与理念不断更新	（108）
三	参与模式不断完善	（110）
四	参与方式不断创新	（111）
五	参与难点不断破解	（113）
六	参与队伍不断增加	（115）
七	参与范围不断扩大	（116）
八	参与标准不断提高	（117）
九	参与品牌不断形成	（119）
十	参与优势不断展现	（120）

第四章 社会组织参与地方应急管理的国际经验与借鉴 （123）

第一节 国外社会组织参与地方应急管理的经验 （124）
　　一 英国的经验 （124）
　　二 日本的经验 （135）

第二节 国外社会组织参与地方应急管理的借鉴 （147）
　　一 建设全方位的应急网络 （147）
　　二 开展全周期的志愿服务 （150）
　　三 重视全阶段的社区参与 （152）
　　四 搭建全天候的协作平台 （155）
　　五 形成全覆盖的应急教育 （157）

第五章 我国社会组织参与地方应急管理的改革与创新 （162）

第一节 应急参与治理理念的确立 （163）
　　一 政府是国家治理机制的供给者 （163）
　　二 多元主体参与是应急治理的必然要求 （165）
　　三 社会组织参与是地方应急管理网络化新格局的
　　　　必然趋势 （166）

第二节 应急参与协同机制的构建 （168）

  一 联动机制 …………………………………………… (168)
  二 监督机制 …………………………………………… (170)
  三 评估机制 …………………………………………… (171)
  四 利益表达机制 ……………………………………… (173)
  五 责任分担机制 ……………………………………… (174)
 第三节 应急参与法律政策的健全 ……………………… (176)
  一 完善社会组织参与的法律机制 …………………… (176)
  二 确立社会组织参与的主体地位 …………………… (178)
  三 优化社会组织发展的配套政策 …………………… (179)
  四 筛选社会组织参与的高效模式 …………………… (182)
 第四节 应急参与效率效力的提升 ……………………… (184)
  一 提升社会组织应急管理参与动能 ………………… (184)
  二 完善社会组织应急管理人才引育 ………………… (186)
  三 打造社会组织应急管理枢纽平台 ………………… (189)
  四 严密社会组织应急管理参与保障 ………………… (191)

第六章 结语与展望 …………………………………………… (196)
 一 新时代完善社会组织参与地方应急管理的意义 ………… (197)
 二 新时代提升社会组织参与地方应急管理的关键 ………… (197)
 三 新时代推进社会组织参与地方应急管理的展望 ………… (199)

参考文献 …………………………………………………………… (201)

后 记 …………………………………………………………… (215)

绪　论

一　协商共治成为应急管理的趋势

改革开放以来，中国发生了巨大变化。经济体制由计划经济向市场经济转变，对外联系由半封闭向开放交流转变，居民生活水平从基本温饱向全面小康转变，生产力水平得到了极大提高，城市化进程速度加快，同时社会主体向多元化发展，公众个体自我利益觉醒。在转型过程中，社会不稳定性因素逐渐增加，公共危机事件频繁出现。基于全球的普遍规律来看，一个国家或地区发展到人均 GDP 500—3000 美元的阶段，往往会对应着更多的问题出现，例如，在人口资源环境效率与公平等诸多社会矛盾集聚的严重瓶颈时期，更容易造成社会失序、经济失调、心理失衡等问题产生，会形成一些不稳定的因素。[1] 此外，全球自然灾害频发，如洪水、飓风、地震和海啸等。据统计，2007 年全球因自然灾害造成的经济损失为 1860 亿美元，2011 年高达 6150 亿美元，2021 年约为 3430 亿美元[2]。实践表明，伴随着人类社会现代化进程，特别是西方工业文明的发展，人类社会愈加面临高风险，重大突发公共事件频次不断增加，而反应不及时、应对不当，则会致使社会矛盾不断涌现和激化。

---

[1] 牛文元：《社会物理学与中国社会稳定预警系统》，《中国科学院院刊》2001 年第 1 期。
[2] Madhumitha Jaganmohan："Global Economic Losses from Natural Disasters 2007 – 2021"，（2022）https：//www.statista.com/statistics/510894/natural-disasters-globally-and-economic-losses/#：~：text = As% 20of% 202019% 2C% 20the% 20global% 20average% 20economic% 20loss，as% 20a% 20result% 20of% 20natural% 20processes% 20on% 20Earth.

当今世界已进入全球风险社会,如恐怖袭击、新型冠状病毒感染的全球蔓延等。进入21世纪以来,全球化、现代化进程不断加速,中国也以前所未有的速度快速发展,综合国力不断提升,人民生活水平不断提高。2021年底,我国已宣布全面建成小康社会。同时,中国改革逐渐进入深水区,社会生产生活各领域的矛盾和问题越来越多,部分领域矛盾激化。此外,由于人为因素、自然灾害等因素,中国也出现了一些重大的公共危机事件。2021年,我国自然灾害形势复杂严峻,极端天气气候事件多发,自然灾害以洪涝、风雹、干旱、台风、地质灾害、低温冷冻和雪灾为主,沙尘暴、森林草原火灾和海洋灾害等也有不同程度发生。全年各种自然灾害共造成1.07亿人次受灾,因灾死亡或失踪867人,紧急转移安置573.8万人次;倒塌房屋16.2万间,不同程度损坏198.1万间;农作物受灾面积11739千公顷;直接经济损失3340.2亿元[①]。《国家突发事件应急管理体系建设"十三五"规划》中指出,目前我国的突发事件依然处在易发高发时期,各类传统危机与非传统风险交织在一起,网络在线风险与实体线下风险相互呼应,导致突发事件的衍生性、关联性日益凸显,对当前应急管理提出了更高的要求。《"十四五"国家应急体系规划》中指出,我国是世界上自然灾害最为严重的国家之一,灾害种类多、分布地域广、发生频率高、造成损失重,安全生产仍处于爬坡过坎期,各类安全风险隐患交织叠加,生产安全事故仍然易发多发。应急管理已经成为我国国家治理中的一个热点术语和焦点视域。

重大突发公共事件及危机不仅危及公众的生命安全,容易造成大量伤亡,而且通常会带来严重的经济损失。如果能够有效预防及应对突发公共事件及危机,就会降低其发生的概率、减少损失,如果不能及时有效地处置,往往会带来一系列灾难性的破坏,引发负面的连锁反应,甚至阻碍社会的发展进步。如何有效地综合治理公共危机,如何完善应急

[①] 《2021年全国各种自然灾害共造成1.07亿人次受灾》,光明网,2022年1月23日,https://m.gmw.cn/baijia/2022-01/23/1302775858.html,2022年3月13日。

绪　论

管理体制、机制建设，如何做好突发公共事件及危机的预防与应对准备工作，将可能产生的各种损失降至最低限度，同时以最低成本有效应对，已成为国际社会、各级政府及全社会持续热议的难题。实践表明，政府能否高效地施行应急管理是关键，而集结全社会的资源共同参与则是确保国家长治久安的基础。

在现代社会，应急管理十分复杂，政府囿于资源及能力，单纯依靠政府并不能充分高效地进行应急管理。应急管理不仅仅是政府的职责，企业、社会组织和公众也是重要的管理参与主体。在多元主体中，社会组织因其公益性和志愿性的组织性质决定了它在应急管理中能够发挥重要的参与作用。实际上，在我国社会主义民主制度建设的进程中，社会组织不仅是公民积极参与国家治理的重要主体，也是我国社会主义民主政治建设的重要推动力量。

2016年1月实施的《国家突发公共事件总体应急预案》中指出，"加强以属地管理为主的应急处置队伍建设，建立联动协调制度，充分动员和发挥乡镇、社区、企事业单位，社会团体和志愿者队伍的作用，依靠公众力量，形成统一指挥、反应灵敏、功能齐全、协调有序，运转高效的应急管理机制"。《中国共产党第二十次全国代表大会报告》指出，健全共建共治共享的社会治理制度，提升社会治理效能。2020年1月28日，中央文明办、中国志愿服务联合会发出《关于号召广大志愿者、志愿服务组织积极有序参与疫情防控的倡议书》提出"希望全国各地志愿者、志愿服务组织在确保安全的前提下，团结凝聚起来，统一行动听指挥，科学专业做服务，为坚决遏制疫情传播扩散，夺取疫情防控斗争胜利贡献更大力量"。这些文件充分体现了中国社会治理体系从以政府部门为主向以政府部门、社会组织、公众等多主体参与社会治理的创新转变，反映我国现已认识到社会组织等主体参与的重要意义。中国转变政府职能的同时，注重培育社会组织，其发展环境不断健全，社会力量不断成长。

由此可见，应急管理的高效施为，也必然是集政府、社会组织、企业、公众之力协同共治，应急管理中多主体的参与是必然趋势。在突发公共事件及危机的应对中，社会组织参与已获得政府认同，这也是其参与应急管理工作实力的彰显。在应急管理参与中，社会组织在其力所能及的范围内已经显示出一定的参与能力，为应急管理工作提供了必要的社会基础和人员保证。各级政府正在积极搭建各种渠道和各种平台，为社会组织的参与提供空间，着力提高社会组织的参与能力，确保其参与作用的发挥。

二　研究价值

（一）有效解决"治理失灵"

突发公共事件及危机已伴随社会生活常态化显现，在应对依托极为复杂的体系和处理过程中存在高度不确定性。政府在应对过程中也常常陷入"治理失灵"。伴随着中国快速的发展，社会组织参与地方政府应急管理的重要性与日俱增。在中国共产党领导下，各级政府及其相关部门、社会组织、企事业单位以及公众形成了多主体的国家治理体系。社会组织作为重要的参与主体之一，对其参与应急管理进行研究，有助于提高应急管理的效能。具体而言，在应急管理的体制机制中通过充分研究各类社会组织与政府协作的应急预警机制、应急处置联动机制，厘清政府相关部门与社会组织协作的动因、要素，揭示地域性应急管理体系运作中实现多元主体良性互动的规律、探索社会组织的参与模式、参与机制以及参与策略，有助于更好地发挥社会组织的参与功能。

（二）更好地"善治"

发达国家一直较为重视应急管理过程中充分借助社会多主体的力量。伴随着我国社会转型，社会组织越来越活跃于应急管理全过程中。2008年，四川省汶川县地震发生后，社会组织在参与救灾过程中发挥了重要作用，迅速成为政府应对突发公共事件及危机的一支重要力量。随着国家治理体系的不断完善、国家治理能力的提升，国家治理模式也在不断完善，多元主体治理能力发挥的作用亦在明显增强，治理重心也历经从行政命令式的管控转为多主体协商共治。然而也必须注意到，社会组织参与过程中，需要保障其享有合法参与的权利，需要注重参与的民主化、规范化和程序化，需要打造政府与社会组织等多元主体相适应的良性互动的治理模式。在此种背景下，对我国社会组织参与地方应急管理进行研究，有利于为相关部门掌握社会组织参与地方应急管理的现状，把握社会组织参与地方应急管理研究的阶段成果和进展程度，为多元主体共同参与的应急管理体系的进一步完善与发展提供相关政策建议。特别是在应急管理实践中，有助于通过社会组织参与，增强公众应对危机的信心，增进社会自组织网络的作用，以及在政府、私营部门和公民社会之间建立起比较完善的协调机制，以构建和谐社会为目标，充分发挥多元主体各自的优势，有助于在现有机制下，促使政府更好地治理危机，达成"善治"。

三 研究综述

(一) 国外研究

风险通常引发危机。在现代社会之前，由于各种条件的限制，人们面对危机往往束手无策，任凭其对人类社会业已存在的物质精神和财富造成极大的伤害。如何处理一些具有较大影响力的危机事件逐渐引起了西方国家政府、公关部门以及学者关注，最终，在政治学、经济学、管理学、心理学、军事学等学科基础上，逐渐形成了应急管理学科。

在全球化时代，各国不仅要面对国内错综复杂的环境，还要应对国际政治、经济、生态等领域频繁爆发的突发公共事件及危机，各国政府承受了前所未有的压力。各国在应急管理研究初期，主要以政府为焦点，重点关注各级政府如何从预防、处置等方面予以有效应对。"第二次世界大战"后，各国依靠政府对危机进行有效处置。但是战后经济、社会、人口快速发展，社会风险因素不断增加，对各国应急管理能力提出了挑战。在这种背景下，国外研究者、实践者愈发重视社会组织参与政府应急管理的研究。

国外关于社会组织参与社会事务管理的理论研究已经形成了一批具有全球影响力的成果。美国经济学家韦斯布罗德（Burton A. Weisbrod，1977）提出了"政府/市场失灵"理论，认为在公共物品提供中，政府、市场和非营利部门都可以实现互相补充。基于经济运行分析，他提出了非营利部门在公共物品提供中的作用，为社会组织参与社会事务提供了理论支撑。1980年，美国法律经济学家汉斯曼（Henry Hansmann）提出了"契约失灵"理论，对非营利组织的性质进行了翔实的分析，并在现有的制度体系中，对其角色形态及作用进行了分析。萨拉蒙（Lester M. Salamon，1987）则指出政府与非营利组织应该是互为补充的关系，从而形成了委托政府理论，他指出，因为没有正确地认识到非营利部门在公共事务中的作用而会导致"志愿主义失灵"[1]。伍思努（Robert Wuthnow，1991）认为国家、市场以及志愿组织之间是相辅相成的关系[2]。吉德伦、克莱默和萨拉蒙（Benjamin Gidron；Michael Kremer；Lester M. Salamon，1992）等人共同提出了政府及非营利组织之间有四种联结方式：一是政府主导，政府起支配作用的模式；二是社会组织主导，社会组织起到支配作用的模式；三是政府、社会组织双重主导模式；四是政府、社会组织双重合作模式[3]。

在社会组织参与社会事务治理的基础上，国外研究者研究了社会组织参与应急管理，其研究可以分为两种视角：

---

[1] Lester M. Salamon: *The Rise of Nonprofit Sector*, Dcu Business School Research Paper, Vol. 73, April 1994, pp. 109-122.

[2] 林成：《从市场失灵到政府失灵：外部性理论及其政策的演进》，长春吉林大学出版社2011年版，第1-10页。

[3] Benjemin Gidron, Ralph M. Kramer and Lester Salamon, *Government and the Third Sector: E-merging Relationships in Welfare States*, San Francisco: Jossey-bass Publishers, 1992, pp. 1-30.

一是协作关系视角。研究者探究了政府在应急管理中的能力与表现。斯托林斯（R. A. Stallings，1985）等指出社会组织在应急救援中具有更多的优势，如在灾害评估、处置、应对和应急协作等方面独具特色，因此它是政府应急管理体系建设中不可缺少的合作对象，并将其纳入应急救援的组织网络中。同时，在应急救援政策的制定中，要优先设定社会组织与志愿服务的参与，提出政府应充分让社会组织承担应急救援的相应职责[1]。图罗夫（Murray Turoff，2015）认为西方现有的政府行政体制束缚了政府在应急管理中的作为，例如，处置应急事件需要遵循繁冗的请示批示程序，政府应急管理行政成本过高、效率低下、应急组织结构碎片化严重，等，从而得出了应急管理不能单纯依赖政府而应与其他主体合作的结论[2]。研究者们认为，应急管理能力与应急管理效果的提升，离不开社会组织与政府的密切配合。对于政府与社会组织合作的必要性与可行性的研究成果更为丰富。沃夫（William L. Waugh Jr.，2006）[3]认为应急管理全过程都离不开社会组织合作，因此政府需要为社会组织参与提供合作渠道，并力求促使多元主体形成应急管理合力。肖和戈达（Rajib Shaw，Katsuihciro Goda，2004）考察了日本社会组织在神户地震救援中的参与，得出了社会组织在应急管理中具备快速性、机动性和灵活性的结论[4]。罗宾逊（Scott E. Robinson，2013）等主张建立政府与社会组织密切合作的应急管理框架，将符合应急管理标准、资质的社会组织吸引

---

[1] Robert A. Stallings and Enrico L. Quarantelli, "Emergent Citizen Groups and Emergency Management", *Public Administration Review*, Vol. 45, No. 4, 1985, pp. 93–100.

[2] Murray Turoff, "The Paradox of Emergency Management", paper delivered to Ethical, Legal and Social Issues Proceedings of the ISCRAM 2015 Conference, Kristiansand, May 24–27, 2015.

[3] William L. Waugh Jr., "The Political Costs of Failure in the Katrina and Rita Disasters", *Annals of the American Academy of Political and Social Science*, Special Issue on "Shelter from the Storm: Repairing the National Emergency Management System After Hurricane Katrina," Vol. 604, No. 3, 2006, pp. 10–25.

[4] Rajib Shaw and Katsuihciro Goda, "From Disaster to Sustainable Civil Society: The Kobe Experience", *Disasters*, Vol. 28, No. 1, 2004, pp. 16–40.

到合作框架之中，同时政府负责设计社会组织参与应急管理的相关项目[1]。埃格斯坦（Karin Aggestam，2003）[2] 从区域合作的角度研究政府应急管理，认为区域内应急管理的有效解决，离不开政府组织、职能部门与社会组织之间的通力合作。事实上，由于政治体制不同、区域资源不同、法律规定不同，导致区域间应急管理合作难度较大，因而如何充分协作破除合作障碍，是构建科学合理的应急管理体系的前提。在这一视角下，研究者们强调构建多元协作的应急管理模式，该模式虽然也注意到了合作的障碍，但是认为合作是应急管理发展的方向。

二是网络结构视角。研究者论证了构建科学系统的应急管理体系。维娜（Uta Wehna，2015）等倡导建立增进国家、政府间组织和非政府组织之间合作与协调的大应急管理框架[3]。林德尔（Michael K. Lindell，2011）把影响应急管理决策的主体划分为社会群体、经济群体和政府群体三大类利益相关者，系统论证了应急管理不同主体的相互关系，强调社会组织参与是应急管理过程中必不可少的重要环节，为此提出了一套系统的、完整的知识体系[4]。库斯凯里、泰勒（Graham Cuskelly；Tracy Taylor，2009）等聚焦于社会组织参与应急管理过程的效率问题，并运用人力资源专业方法进行评价[5]。

威尔、利特尔菲尔德（Shari R. Veil；Robert S. Littlefield，2010）等

---

[1] Scott E. Robinson, Warren S. Eller, Melanie Gall and Brian J. Gerber, "The Core and Periphery of Emergency Management Networks", *Public Management Review*, Taylor & Francis Journals, Vol. 15 No. 3, 2013, pp. 344-362.

[2] Karin Aggestam, *Conflict Prevention, Old Wine in New Bottles*, London: Frank Cass Publishers 2003, pp. 16-20.

[3] Uta Wehna, Maria Rusca, Jaap Evers and Vitavesca Lanfranchi, "Participation in Flood Risk Management and the Potential of Citizen Observatories: A Governance Analysis", *Environmental Science & Policy*, Vol. 48, 2015, pp. 225-236.

[4] ［美］米切尔·林德尔：《应急管理概论》，王宏伟译，中国人民大学出版社 2011 年版。

[5] Graham Cuskelly, Tracy Taylor, Russell Hoye and Simon Darcy: "Volunteer Management Practices and Volunteer Retention: A Human Resource Management Approach", *Sport Management Review*, Vol. 9, No. 2, September 2006, pp. 141-163.

号召地方政府畅通沟通渠道以提高社会组织的参与热情[1]。卡普库（Naim Kapucu，2012）[2]、迪亚兹（Paloma Díaz，2014）[3] 基于信息技术探讨了提升社会组织参与应急管理能力的路径。奥尔德里奇和迈耶（Daniel P. Aldrich；Michelle A. Meyer，2014）[4] 等证实了通过加强社区层面的社会资本培育，可以提升应急管理的网络化程度。郭和道尔（Alan H. Kwok；Emma E. H. Doyle，2016）[5] 等指出为了实现应急管理的目标，应以多元主体之间形成的伙伴关系为基础进行协作。这一视角下，研究者们认为政府与社会组织达成公私伙伴关系、唤醒志愿意识等要件，可以推动应急管理网络形成与发展，提升协同应对能力。

国外关于社会组织参与社会事务治理、社会组织参与应急管理的研究起步较早，已取得了较为丰富的研究成果。然而，诸如，2005年美国卡特里娜飓风、2020年以来的新冠肺炎疫情防治，美国、欧盟的应急管理处置失灵，也暴露了西方国家和地区应急管理能力的短板。

（二）国内研究

国内研究者关于社会组织参与的相关研究是在国家治理体系建设的大背景下开展的。改革开放以来，中国社会主义现代化建设事业进入快

---

[1] Shari R. Veil, Robert S. Littlefield and Katherine E. Rowan, "Dissemination as Success: Local Emergency Management Communication Practices", *Public Relations Review*, Vol. 35, No. 4, November 2009, pp. 449-451.

[2] Naim Kapucu and Vener Garayev, "Designing, Managing, and Sustaining Functionally Collaborative Emergency Management Networks", *American Review of Public Administration*, Vol. 43, No. 3, 2013, pp. 312-330.

[3] Paloma Díaz, Ignacio Aedo and Sergio Herranz, "Citizen Participation and Social Technologies: Exploring the Perspective of Emergency Organizations", paper delivered to International Conference on Information Systems for Crisis Response and Management in Mediterranean Countries, ISCRAM-med, 2014, pp. 85-97.

[4] Daniel P. Aldrich and Michelle A. Meyer, "Social Capital and Community Resilience", *American Behavioral Scientist*, Vol. 59, No. 2, 2015, pp. 254-269.

[5] Alan H. Kwok, Emma E. H. Doyle, Julia Becker, David Johnston and Douglas Paton, "What is 'Social Resilience'? Perspectives of Disaster Researchers, Emergency Management Practitioners, and Policymakers in New Zealand", *Journal of Disaster Risk Reduction*, Vol. 19, 2016, pp. 197-211.

车道。面对的复杂问题和挑战陡然增多。进入新世纪，中国实施了国家治理体系和治理能力现代化建设战略，强调整合包括社会组织在内的一切可以整合的力量，更好地实现"三步走"的战略目标。关于社会组织在国家治理中作用的研究呈现在不同的领域，应急管理就是其中的重要领域之一。

改革开放以来国家有条件地鼓励社会组织发展。在不同的历史发展阶段，社会组织展现了不同的角色和作用。研究者对社会组织发展的指导思想进行了探索。余娴丽、蔡晓良（2012）认为"我国社会组织的发展必须坚持以马克思主义关于国家与社会的统一观及人民群众创造历史的观点为指导，必须旗帜鲜明地反对把国家与社会组织对立起来、以社会组织制衡国家的二元化思想，反对把政党与社会组织对立起来、以社会组织对抗政党的思想"。[1] 多数研究者认为中国社会组织的良性发展，必须基于马克思主义理论的正确指导。由于东西方制度不同，不能全盘借鉴西方发达国家社会组织的经验，中国社会组织的发展必须根植于中国的国情，西方的经验必须为我所用，尤其是在国家治理现代化进程当中，务必充分注意社会组织的角色、功能及作用，在此基础上探讨社会组织发展的有效路径，促进我国社会组织理论研究发展。

关于社会组织研究的另一焦点，即为厘清社会组织与政府之间的关系。金家厚（2003）从中国实践出发，分析了社会组织的结构、功能和发展方向，从理论上提出了社会组织参与公共管理的方式：探讨了政府、市场与社会组织等多元主体的互动交流、和谐共存作用方式，即政府的行政管理、市场组织的经营管理和社会组织的自主管理并存[2]。胡仙芝（2004）从政府职能转变和行政管理体制改革的背景入手，分析了社会组

---

[1] 余娴丽、蔡晓良：《我国社会组织建设的可能性与必然性微探——基于马克思共同体思想视角》，《福建省社会主义学院学报》2012 年第 6 期。

[2] 金家厚：《转型期我国非政府组织的发展定位与模式构建》，《新疆社会科学》2003 年第 4 期。

织在其中应该发挥的基本功能,以及与政府之间形成的互动关系[①]。徐祖荣(2011)提出要"引入社会组织作为社会管理主体,以协同治理应对政府和市场协调的失败,达到资源配置的最优化,能最大限度地促进和保障公民权益"[②]。张钟汝、范明林(2010)探讨了社会组织参与社会治理的实践。研究者普遍认为,政府需要在社会治理中与社会组织进行充分的合作。社会组织参与国家治理有利于社会的和谐稳定,有利于国家治理能力的提升,同时能够加速我国现代化治理体系的实现。

研究者对于社会组织参与应急管理的研究,可以划分为以下四个方面:

第一,关于社会组织参与应急管理重要性的研究。这方面的研究成果非常丰富。研究者主要基于社会组织参与会发挥什么样的功能、角色和作用入手来探讨社会组织参与应急管理的实践意义。研究者一方面强调政府在应急管理中的作用固然无法动摇;另一方面,研究者也认为政府公共管理活动及相关资源无法满足应对突发公共事件及危机的所有需要,因此,一些研究者,如张成福(2003)、薛澜(2003)、毛寿龙(2003)、徐机玲(2003)、喻国明(2003)、朱国云(2004)等认识到了这一问题的研究意义,提出了应急管理中社会力量的功能应该受到重视,政府在应急管理中应该重视与社会组织的合作。

至于何时为重视社会组织参与应急管理的重要时点,研究者对此有着较为一致的认识,以中国共产党的第十七次全国代表大会为标志,在该次会议上提出了社会管理的重要概念,这意味着要充分整合社会力量参与公共治理。此后,社会组织参与应急管理的重要性引起了社会的广泛关注。史培军(2008)主张在政府主导下建立区域管理模式,从横向、纵向以及交叉建立应急管理协调机制,充分发挥社会组织在应急管理中

---

① 胡仙芝:《公众参与制度化:社会治理创新的突破点》,《人民论坛》2014年第S1期。
② 徐祖荣:《协同治理视野下社会组织参与社会管理创新的经验逻辑:价值取向与路径选择》,中国行政管理学会2011年年会暨"加强行政管理研究推动政府体制改革"研讨会论文,北京,2011年11月14日,第656—662页。

的作用①。王光（2006）等认为合作是现代应急管理的基本理念，打造公民社会，在应急管理中更为全面地释放社会组织应有的功能，是今后应急管理体系发展的方向②。顾林生（2009）主张建立"自下而上"的信息搜集、反馈模式，在政府全面主导机制下，发挥社会组织和个人力量，构建全民参与的应急管理工作模式③。黄明威（2012）认为我国社会组织作为政府的重要补充，全程参与应急管理的作用越来越凸显④。熊蕊（2015）剖析了新时期我国社会风险治理面临的紧迫现状，并据此提出社会组织治理社会风险的独特优势⑤。李晓然、陈海燕、万志红（2016）提出公共危机的应对必然要求纳入包括非政府组织在内的所有利益相关者的力量和资源，形成社会整体应对格局⑥。在灾害救援方面，李峰（2013）总结了社会组织参与灾害救援的优势⑦。邓钤文（2018）以社区为焦点，认为社会组织自身发展程度直接关系其参与灾后社区治理的深度，更直接影响社区灾后重建的结果。⑧姜志遥（2015）提出，需要引导社会组织参与突发事件公共安全管理体系，有效整合社会组织参与公共安全管理的机制，是现阶段我国公共安全管理管理体系的紧迫任务⑨。

第二，关于社会组织参与应急管理功能的研究。对应急管理中社会组织参与的功能进行专题研究也是焦点之一，如安建增（2004）、石奎（2004）、顾亮（2004）、沈荣华（2007）等研究者均对此做出了探讨研

---

① 史培军：《建立巨灾风险防范体系刻不容缓》，《求是》2008年第8期。
② 王光、秦立强、张明：《试论政府应急管理的社会合作机制》，《中国人民公安大学学报》（社会科学版）2006年第5期。
③ 顾林生：《国外减灾政策的动态研究》，《中国减灾》2009年第7期。
④ 黄明威：《社会组织参与公共危机管理探索》，《法制与社会》2012年第28期。
⑤ 熊蕊：《新时期社会风险治理中社会组织的参与路径研究——基于江苏社会风险的视角》，《天水行政学院学报》（哲学社会科学版）2015年第1期。
⑥ 李晓然、陈海燕、万志红：《大数据时代社会治理网络化的思考》，《小品文选刊（下）》2016年第1期。
⑦ 李峰：《我国灾害救援中的社会组织参与》，《中国减灾》2013年第15期。
⑧ 邓钤文：《社会组织参与灾后社区治理综述》，《南方论刊》2018年第9期。
⑨ 姜志遥：《社会组织参与应急管理问题探讨》，《辽宁行政学院学报》2015年第4期。

究。汶川地震发生后，一些社会组织发挥其灵活性、志愿性的优势，在抗震救灾过程中显现出了独特的功能。在应急救援、应急处置和恢复重建阶段发挥了令人印象深刻的不可替代的作用，此类研究日益引发学术界的关注。研究者剖析了社会组织在参与应急管理过程中的优势与劣势。例如，陆亚婷、黄沛（2008）在《互动·补充·整合——公共危机中政府与NGO联动的战略导向》一文中探讨了政府与NGO合作治理危机的战略；褚松燕（2008）等在《新型风险共担机制优势凸显——政府救助与民间救助如何对接》中认为，自然灾害的发生，"在某种程度上成为启动中国新型风险共担机制的钥匙"。郭巍青（2008）的《NGO的三重功能——以地震救援经验为基础的分析》基于汶川大地震中NGO所展开的救援行动，分析了其在提供信息、快速反应、疏通瓶颈三个方面的重要作用。张维伟（2008）在《民间组织，危难中挺身担当》中认为社会组织是政府应急管理必要的补充，在灾后的心理和社会重建中将发挥更多作用。徐守根（2008）在《地震触发中国NGO发展新命题》对于社会组织参与救援过程中的责任进行了分析，同时也指出了社会组织专业化的建设路径。王名（2009）在《汶川地震公民行动报告：紧急救援中的NGO》一书中，对汶川地震中的公民社会组织进行了专门的研究；萧延中（2009）等在《多难兴邦：汶川地震见证中国公民社会的成长》系列丛书中，对汶川地震当中社会组织的救援行动进行了较为细致的研究。

此外，研究者也关注了社会组织在突发群体性事件以及社会矛盾化解过程中的作用。赵炜（2015）认为，社会组织的建立使公众在决定和寻求权利救济时有了新的方法，他们经常利用贴近基层民众的优势，善于发掘和认可人民的个人利益，为人民的个人利益呈现与保护提供更多的建议和行动，最大限度地解决群体性事件发生的概率[①]。梁德友、刘志奇（2016）认为，社会组织在群体性事件治理中发挥着"资讯—预警"

[①] 赵炜：《社会组织参与群体性事件治理优势研究》，《河北公安警察职业学院学报》2017年第3期。

"协商—对话""治理—服务"以及"修复—善后"的功能,是群体性事件治理不可或缺的重要力量[①]。周领(2018)基于群体性事件分析了社会组织在应急管理全过程中的协调、传达、引导、宣传功能[②]。范铁中(2013)[③]、张悦、徐涛、张秋霞(2019)[④] 认为社会组织参与对于社会治理、矛盾消解、社会和谐发展具有重要的意义;社会组织是公民有序参与和合理表达利益诉求的重要载体;创新公共服务的提供方式需要社会组织的广泛参与。冯秀玲(2018)同样认为,社会组织可以弥补政府提供公共服务的不足,在实现基层矛盾化解、促进公众参与基层治理等方面具有不可替代的重要作用[⑤]。

第三,关于社会组织与政府在应急管理中合作机制的研究。主要分为两种研究视角:

一是以政府为中心的应急管理,强调了应急管理的跨域组织与合作。魏加宁(1994)[⑥]、胡宁生(1998)[⑦]、张成福(1998)[⑧] 等从跨区域合作角度分析了中国政府应急管理建立与社会组织、公众合作的框架体系的必要性。薛澜、朱琴(2003)[⑨]、吕志奎、胡薇薇(2005)[⑩] 等认为应该确保政府应急管理系统中包括政府、社会组织、民众等多元参与主体,并指出了多元主体在突发公共事件应急管理中可以发挥重要的补充作用。

[①] 梁德友、刘志奇:《社会组织参与群体性事件治理研究:功能、困境与政策调适》,《河北大学学报》(哲学社会科学版)2016年第3期。

[②] 周领:《社会组织参与群体性事件治理的功能探析》,《山东农业工程学院学报》2018年第8期。

[③] 范铁中:《社会组织参与社会矛盾化解的作用探析》,《青海社会科学》2013年第1期。

[④] 张悦、徐涛、张秋霞:《社会组织参与社会矛盾化解机制研究》,《法制与社会:旬刊》2019年第28期。

[⑤] 冯秀玲:《社会组织参与国家治理的逻辑理据》,《法制与社会》2018年第22期。

[⑥] 魏加宁:《危机与危机管理》,《管理世界》1994年第6期。

[⑦] 胡宁生:《政府机构改革与行政体制重构》,《南京政治学院学报》1998年第4期。

[⑧] 张成福:《当代西方政府再造的核心理念:企业型政府》,《中国改革》1998年第9期。

[⑨] 薛澜、朱琴:《危机管理的国际借鉴:以美国突发公共卫生事件应对体系为例》,《中国行政管理》2003年第8期。

[⑩] 吕志奎、胡薇薇:《政府在构建和谐社会中应该做什么》,《领导文萃》2005年第5期。

绪 论

在 2006 年国务院下发了《关于全面加强应急管理工作的意见》之后,研究者更加关注社会组织的参与。如孙多勇(2007)等提出需要建立政府与社会组织合作的应急管理机制[1]。钟开斌(2009)[2]、高小平(2010)[3]、王宏伟(2011)[4]等指出社会动员与社会多元主体的协同是突发事件应急处置的重要原则。孙录宝(2012)针对目前社会组织存在的相关法制政策不健全、社会公信度低、自身力量不足、与政府缺乏沟通与合作等问题,认为应当从加强相关法制建设,明确角色定位,建立与政府之间的协调合作机制[5]。肖飞(2012)指出各级党委政府应当充分调动并发挥社会组织在治理群体性事件中的积极作用,加强领导,增进信任,并科学加以引导[6]。田小彪(2013)认为,政府方面要积极转变职能,将政府低效、无效领域交予社会,政府与社会组织需要进行明确的分工与合作[7]。这一阶段,研究者们强调改变政府单一主体的应急管理模式为"政府规划、官民配合"的共同管理模式。

二是以网络为中心的应急治理,强调了政府与社会组织在应急管理中达成公私伙伴关系。岳经纶(2009)认为与社会组织的"合作"是现代应急管理的普遍选择[8]。张勤、姜媛媛(2010)等认为建立政府与社会组织的耦合机制,形成良好的协作互动机制,建立有效的全面动员机制,

---

[1] 孙多勇:《突发事件下民众风险感知与行为决策研究述评》,湖南省第六届公共管理论坛会议论文,长沙,2007 年 11 月,第 12—17 页。
[2] 钟开斌:《"一案三制":中国应急管理体系建设的基本框架》,《南京社会科学》2009 年第 11 期。
[3] 高小平:《"一案三制"对政府应急管理决策和组织理论的重大创新》,《湖南社会科学》2010 年第 5 期。
[4] 王宏伟:《试析应急社会动员的基本问题》,《中国应急管理》2011 年第 8 期。
[5] 孙录宝:《社会组织参与化解重大群体性事件和公共安全事件治理研究》,《社团管理研究》2012 年第 2 期。
[6] 肖飞:《社会组织参与群体性事件治理的路径依赖》,《中国社会组织》2012 年第 4 期。
[7] 田小彪:《政府与社会组织合作治理机制研究》,《安徽行政学院学报》2013 年第 4 期。
[8] 岳经纶:《中国社会政策 60 年》,《湖湘论坛》2009 年第 4 期。

充分调动各种积极因素在应急管理中各自发挥应有的作用[1]。石奎（2011）强调，社会组织与政府的合作关系必须加以完善，尤其是社会组织与政府在应急管理中的沟通协调机制必须健全，为高效、科学和无缝隙完成应急救援工作共同努力，改变政府主导的模式，实现多元主体的协同治理[2]。王郅强、彭宗超（2012）等在基于北京市社会群体性突发事件分析的基础上，指出政府应急管理应将社会组织纳入合作框架[3]。邢宇宙（2017）强调要进一步推进社会组织参与，需要完善相关应急管理机制，建立多元主体协同机制、建立合作形成组织联动机制、健全社会力量支持培养机制、建立信息公开评价问责机制等[4]。董幼鸿（2018）指出需要优化社会组织参与城市公共安全风险治理的路径，充分发挥社会组织的功能和优势，有效地整合社会资源，协同参与城市风险治理[5]。沈燕梅、张斌（2020）认为需要从完善法制、加强组织能力培养、开辟社会沟通渠道、深化政府与社会协调等方面进一步推动社会组织参与应急管理工作[6]。这一视角下，研究者们强调社会组织不是政府"附属品"，而是作为应急管理网络结构中必要的主体参与应急管理。

第四，关于社会组织参与应急管理障碍及对策的研究。无论是以政府为中心还是以网络为中心的研究视角下，研究者均指出了社会组织参与应急管理的障碍，需要政府和社会组织共同努力改进。

一是政府应做的改进工作。文军（2012）认为，社会组织的有序发

---

[1] 张勤、姜媛媛、汲君：《公共危机治理的社会组织参与耦合机制探微》，《理论探讨》2010年第2期。

[2] 石奎：《社会组织参与救灾应急的作用研究》，《人民论坛：中旬刊》2011年第9期。

[3] 王郅强、彭宗超、黄文义：社会群体性突发事件的应急管理机制研究——以北京市为例《中国行政管理》，《2012》年第7期。

[4] 邢宇宙：《协同治理视角下我国社会组织参与灾害救援的实现机制》，《行政管理改革》2017年第8期。

[5] 董幼鸿：《社会组织参与城市公共安全风险治理的困境与优化路径——以上海联合减灾与应急管理促进中心为例》，《上海师范大学学报》（哲学社会科学版）2018年第4期。

[6] 沈燕梅、张斌：《社会组织参与应急救援的现状、困境与路径探析》，《广东行政学院学报》2020年第2期。

展需要从自身着眼不断提升其管理水平和专业能力建设,还需要为参与提供良好的外部环境和制度环境①。张华荣、张佳楠(2014)指出,社会组织仍面临着相关法律制度不完善、组织化程度较低、自治能力较弱等多重困境②。社会组织和政府都需要努力克服自身的不足,发挥自身的优势,同时进行规范的制度化设计,以整合二者的协同效能。姜志遥(2015)指出,社会组织参与应急管理体制机制不健全,尚需在应急管理体系内部形成全周期、全过程的有效参与③。于小艳(2014)认为,法律政策的不完善是社会组织参与的最主要障碍④。聂国欣、于海龙(2015)认为,重点是如何创新政府与社会的合作机制,并使此种合作能切实可行地发挥实际效果,健全的法律政策规制必不可少,保障社会组织合法参与权益的法律设计是必要的前提⑤。王义(2013)以青岛市为例,提出建立并完善专业化应急队伍分类制度、认证制度、激励制度以及保护制度⑥。范如意(2015)提出,在政府层面,应放宽准入制,对社会组织予以必要的经费保障,帮助其建立一支规范、专业、高效的救援队伍;在社会组织与政府建立信息互动平台层面,应急管理信息及时传递,为救援工作的顺利开展创造有利的条件,消除不必要的信息阻滞⑦。徐祖迎(2017)认为,需要改善社会组织建设和发展的制度条件;向社会组织提供资源;向社会组织开放机会;向社会组织授权;推进社会组织自身能

---

① 文军:《中国社会组织发展的角色困境及其出路》,《江苏行政学院学报》2012年第1期。

② 张华荣、张佳楠:《社会组织参与公共危机治理:价值、困境与路径》,《中共山西省委党校学报》2014年第5期。

③ 姜志遥:《社会组织参与应急管理问题探讨》,《辽宁行政学院学报》2015年第4期。

④ 于小艳:《基层社会组织参与应急管理的困境与对策》,《湖南行政学院学报》2014年第3期。

⑤ 聂国欣、于海龙:《社会组织参与公共危机治理的途径》,《人民论坛:中旬刊》2015年第10期。

⑥ 王义:《提升青岛市社会组织参与应急管理效能研究》,《中共青岛市委党校青岛行政学院学报》2013年第12期。

⑦ 范如意:《江苏社会组织参与应急管理的路径》,《天水行政学院学报》2015年第12期。

力建设①。由此可见，政府需要创造良好的外部环境和制度保障并做好合作机制、沟通渠道等方面的工作。

二是社会组织应加强自身建设。罗天纯（2011）提出了我国应急管理模式正从单一政府应对模式向包含社会组织、公民等多元主体协同共治的方向转变，这一方面需要政府进行理性的、科学的社会推动；另一方面需要社会组织提升自身管理能力、技术能力②。周秀平、刘求实（2012）基于社会组织参与应急管理的案例分析，发现社会组织危机参与效果评价的积极水平低于紧急救援期和过渡安置期，主要是因为中国社会组织整体处于初步发展阶段、政社关系失衡和过度依赖政府的政治心理③。廖鸿（2015）指出，社会组织在自身建设、灾害信息共享、参与救灾协调机制、专业培训等方面还存在着很多不足④。王饶（2014）⑤、范如意（2015）⑥、程书波（2015）⑦ 分别以西安市、江苏省和慈善组织为例，分析了基层社会组织的参与现状，应加强社会组织专业化培育。针对上述障碍，研究者提出了社会组织存在的种种问题的原因，尤其是社会组织公信力不足是由于对于社会组织监管不力以及监管制度设计的不完善造成的。岳经纶、李甜妹（2009）认为，社会组织管理水平低下、监督缺位导致政府难以寻求合作伙伴⑧。文军（2012）认为，当前社会组织发展存在的困境，根源于缺乏良好的外部环境和社会文化氛围，社会

---

① 徐祖迎：《社会组织参与冲突治理的功能和策略》，《苏州科技学院学报》（社会科学）2017年第3期。

② 罗天纯：《应急管理中社会组织参与浅析》，《社团管理研究》2011年第8期。

③ 周秀平、刘求实：《社会组织危机参与的效果研究》，《重庆大学学报》（社会科学版）2012年第4期。

④ 廖鸿：《推进社会组织高效有序参与救灾》，《中国减灾》2015年第11期。

⑤ 王饶：《西安市社会组织参与应急管理研究》，硕士学位论文，长安大学，2014年。

⑥ 范如意：《江苏社会组织参与应急管理的路径》，《天水行政学院学报》2015年第12期。

⑦ 程书波：《中国慈善组织参与应急管理的问题与对策》，《河南理工大学学报》（社会科学版）2015年第4期。

⑧ 岳经纶、李甜妹：《合作式应急治理机制的构建：香港模式的启示》，《公共行政评论》2009年第6期。

组织的健康发展不仅依赖于组织自身管理水平和参与能力提高，还有赖于社会公民的积极参与、监督，为社会组织参与政府应急管理事务提供良好的外部环境和制度环境[1]。赵德胜（2014）认为，社会组织自身的管理水平、监督机制完善与否对组织可持续发展至关重要，因而，完善社会组织监督与管理制度是当前社会组织发展课题的首要任务[2]。一些研究聚焦于培育社会资本，提升社会组织的参与能力。白书祥（2010）指出了社会组织参与运用宏观社会资本在突发事件应急管理中的作用：为应急治理奠定坚实的群众基础；为应急治理奠定规范的制度基础；为应急治理奠定和谐的社会基础[3]。孙娣（2019）聚焦于社会组织参与应急管理志愿失灵的原因，提出以法治化思维规范、引导和培育社会组织、搭建突发事件应急管理多元主体协同治理平台、加大支持和投入力度优化路径[4]。金华（2019）指出，应树立正确的社会组织参与理念，严格规范社会组织内部治理，增强其参与公共危机治理的能力和水平[5]。高芙蓉（2020）认为，应加强制度供给，完善法律政策，强化控制手段，需要培育充足的社会资本，从建构网络社会资本的路径着眼构建多元主体构成的、具有稳固关系的应急治理网络[6]。

（三）研究简评

综上，对于社会组织参与地方应急管理领域的研究，国外起步较早，成果较为丰富。经过几十年理论与实践的交融，发达国家已经形成一套

---

[1] 文军：《中国社会组织发展的角色困境及其出路》，《江苏行政学院学报》2012年第1期。
[2] 赵德胜：《反思与转进：转型期社会志愿组织可持续发展机制的构建》，《理论月刊》2014年第1期。
[3] 白书祥：《微观社会资本欠缺对突发事件应急管理的负面影响及对策》，《学术交流》2010年第10期。
[4] 孙娣：《新时代我国社会组织参与突发事件应急管理的政策与实践发展路径探析》，《中国应急管理科学》2019年第6期。
[5] 金华：《我国公共危机治理的挑战与回应——社会组织参与的视角》，《甘肃社会科学》2019年第4期。
[6] 高芙蓉：《社会资本视域下社会组织参与应急治理的路径研究》，《河南社会科学》2020年第2期。

比较完善的全面整合政府和社会力量优势的应急管理机制，它们为中国在这一领域的探索提供了有益的镜鉴。国内的研究总体上侧重以政府及"一案三制"为重心，受强政府理念的影响较深。2006年，国务院下发了《关于全面加强应急管理工作的意见》，对于我国应急管理工作的现代化转型具有重要意义。该意见指明了我国未来应急管理工作的纲领和框架，特别是对于公共卫生事件、公共安全事件、自然灾害事件等进行了明确的分类指导，有助于提升应急管理各专业队伍的应急管理能力。研究者围绕该意见，研究视角转向政府与社会组织、公众等主体的协作，社会组织参与应急管理的研究也更为深入、更加具体。2007年，党的十七大提出"创新社会管理"的重大战略，对于社会组织参与社会治理的重视程度越来越高。社会组织作为社会参与中的重要主体的作用前所未有地得到了提升，社会组织愈发以独立的身份、积极主动地参与社会事务及应急管理，其所倡导的社会组织"志愿参与"理念在应急管理理论研究中得到充分体现。

目前，社会组织参与应急管理已经开始得到理论界和政府层面的重视并产生了富有价值的研究成果。但研究尚处于完善阶段。从现有研究成果看，以政府为主体的应急管理研究成果较多，绝大多数研究聚焦于政府为中心的应急管理体系。社会组织参与社会治理的研究较多，参与地方政府应急管理研究少；从中央政府层面宏观研究较多，针对地方应急管理的中观研究较少；群体性突发事件、公共卫生突发事件等特定领域研究较多，社会组织等主体参与地方政府应急管理研究较少；阐明社会组织参与的必要性与重要性的研究较多，与应急管理实践相结合的专项研究和系统探讨较少，还缺乏从宏观和微观两个层面进行综合分析，而且关于社会组织参与应急管理的框架、体系、政策设计等方面缺乏综观考虑，在实践层面上还难以发挥效力。应急管理需要更多的具有可操作性的、可供参考的理论成果。总体上，国内对于社会组织参与地方应急管理的研究，还不够全面、深入和系统，伴随着社会组织参与应急管理实践的不断深入，亟须为社会组织参与管理的实践提供指导。

本书从社会组织参与地方应急管理的国情出发，在充分考虑地方应急管理特点基础之上，结合当前社会组织参与应急管理中存在的问题，深入分析原因，进而提出系统性、科学性、可操作性的对策，为社会组织参与地方应急管理实践作出富有价值的学术贡献。

四　研究概念界定

（一）应急管理的含义

1. 危机与公共突发事件

危机（crisis）一词最初源于希腊语。研究者基于各自的视角对危机这一概念进行了不同的解读，迄今未取得一致性的意见。《牛津辞典》把危机定义为"重大危险、困难或怀疑的时刻，此时必须解决问题或做出重要决定；一个问题、一个坏情况或一种疾病处于最糟糕的时刻"。根据上述解释，"危机"一词主要是指面临威胁的情境，在此种情境下，通常会导致危险的结果，造成严重困难或危害。"危机"主要是指一个结果，而"危险"则具有结果、后果和严重不确定性。针对危机的管理即为危机管理。

在我国的实践中更倾向于使用"应急管理"的概念。根据2016年实施的《国家突发公共事件总体应急预案》，"突发公共事件"主要是指突然发生，造成或者可能造成重大人员伤亡、财产损失、生态环境破坏和严重社会危害，危及公共安全的紧急事件。2017年颁布的《中华人民共和国突发事件应对法》中对突发公共事件的界定是："突然发生，造成或者可能造成严重社会危害，需要采取应急处置措施予以应对的自然灾害、事故灾害、公共卫生事件和社会安全事件"。

《国家突发公共事件总体应急预案》中，将突发公共事件主要分为自然灾害、事故灾害、公共卫生事件和社会安全四大类事件：

第一大类：自然灾害。主要包括水旱灾害、气象灾害、地震灾害、地质灾害、海洋灾害、生物灾害和森林草原火灾等。

第二大类：事故灾难。主要包括工矿商贸等企业的各类安全事故、交通运输事故、公共设施和设备事故、环境污染和生态破坏事件等。

第三大类：公共卫生事件。主要包括传染病疫情、群体性不明原因疾病、食品安全和职业危害、动物疫情以及其他严重影响公众健康和生命安全的事件。

第四大类：社会安全事件。主要包括恐怖袭击事件、经济安全事件和涉外突发事件等。

在上述分类的基础上，各类突发公共事件按照其性质、严重程度、可控性和影响范围等因素，一般分为四级：Ⅰ级（特别重大，突发事件由国务院负责组织处置）、Ⅱ级（重大，突发事件由省级政府负责组织处置）、Ⅲ级（较大，突发事件由市级政府负责组织处置）和Ⅳ级（一般，突发事件由县级政府负责组织处置）。

2. 应急管理的基本特征

各国的应急管理实践虽然不同、各国的应急管理体制也千差万别，但是未能影响对于应急管理本质的认识。

全球化时代以来，突发公共事件的发生过程更加复杂，影响程度更加广泛，考验着政府等公共组织的应急管理能力。由于突发公共事件具有突发性、紧迫性、公共性、影响的不确定性、社会性等特点，应急管理本质上也是一种包含组织管理各要素的常态化管理；由于突发公共事件不断地发生，不能从根本上消除，所以应急管理又是一个连续动态的循环管理。

与突发公共事件的特点相比较，研究者们认为应急管理具有以下六个基本特征：

（1）紧迫性。应急管理的客观对象是突发公共事件及危机，无论是自然灾害，如火山、地震、海啸、滑坡、泥石流、台风、暴雨、洪涝、干旱、沙尘暴、雾霾、病虫害、疫情、鼠害、蝗虫、物种入侵、赤潮、流星、宇宙射线等，还是人为灾难，如自然资源衰竭、环境污染、火灾、交通事故及核灾害等，不同的致灾因素，造成的生命财产损失也不同，但无疑都具有突然爆发性，人们往往没有做好准备，或者根本就没有准备，此种高度不确定性，极大地考验着应急管理系统的运作能力和应急管理部门的决策和应对能力。突发公共事件的发生通常伴随着异常现象，也会对人们思想意识和行为方式造成异常影响，进而产生负面的衍生效应，致使灾难进一步加剧，对生产生活产生极大的破坏性和不确定性。因此，需要人们在非正常的状态下不断提高应对能力，增强自救和互助能力，是应急管理亟须破解的重大难题。

（2）危险性。应急管理中的危险性有三重含义：一是突发公共事件及危机发生后会极大地损害人民群众生命财产安全，稍有不慎会造成重大人员伤亡，同时灾难具有多米诺骨牌效应，小危机会演化为大危机；二是越靠近突发公共事件及危机核心区域，处置的难度和危险就越大，在很多情况下，会危及应急管理人员的人身安全；三是危机监测预警、指挥协调需要应急管理参与人员较高的决策能力和业务知识，进行快速的专业判断，一旦判断失误会延误战机，导致更大的危机出现，造成更大的人员伤亡及财产损失。

（3）权威性。应急管理的目的是构建政府为主体，包含社会组织、企业、公众等多元力量在内的一个完整的体系，向人们提供关于各项安全事务、关于活动保障等应急公共产品与公共服务的活动。作为公共产品与公共服务的应急管理，它的管理者也是公共管理者，它的管理过程当中包含着各种公共权力的运用，同时，考虑到突发公共事件及危机的紧迫性和危险性，为了保障应急管理有效性，公共权力的运用必然是以强制力作为后盾和保障。此外，由于应急管理工作的特殊性，诸如宵禁、封路等工作，必须保证应急管理能够及时有效地进行处置，需要以公共权力作为依托。

（4）人本性。在人类社会中，管理行为要确保世界保持秩序和可持续发展，而发展的成果最终要惠及人民。在突发公共事件及危机中，最大的受害者就是社会中的公众，突发公共事件及危机会对公众的生命财产安全造成损失，因此应急管理的主要目的也需要维护社会秩序，确立生命至上的基本原则，也就是要避免公众的伤亡及损失。应急管理的主体也是依靠各层管理者及专业人员，应急管理是否有效，取决于应急管理队伍成员的基本素质和能力。所以应急管理活动无论是从主体和客体来看都必须坚持以人为本，即"依靠人，为了人"。

（5）系统性。突发公共事件和公共危机本身具有非常复杂的性质。由于人类社会发展过程当中各种因素的急剧累加以及各种情境的不断出现，致使危机层出不穷。科学技术与经济、文明的发展，使人类所聚居的社会呈现地球村的特点，人类作为命运共同体所经受的突发公共事件及危机波及面越来越广，涉及政治、经济、文化、社会等多领域。在应急管理过程中，涉及政府、社会组织、公民等多元主体，采用多种不同的处置措施，通过不同的人员、运用不同的物质、设备、信息等共同处置应对，需要整合全社会的力量共同应对。应急管理涉及了机构的设置、相关人员的招募、选用、培训，需要建立各种规章制度，对于突发公共事件及危机进行预警监测，当危机出现时还要进行处置，危机结束不仅涉及恢复重建，还涉及对整个应急管理进行全流程评估等众多的环节。应急管理就是对不确定的自然和社会突发公共事件及危机现象的系统管理。

（6）公共性。与私人危机相比，突发公共事件及公共危机涉及的范围要大得多，往往触及社会某一领域或区域或是国家乃至全球（如气候、重大传染病问题）。涉及面广、涉及主体客体庞杂，如果处置不力会波及更大的范围。前述应急管理的首要原则是保护公众的利益。而对于突发公共事件及危机的处置，绝非个体之力所能实现，往往需要调动全社会的资源和力量共同处置，即我们通常所说的"一方有难八方支援"。在应急管理全过程中都离不开人民群众的参与和配合，同时应急管理过程不是以营利为目的,为了处置危机,保护人民群众的生命财产安全,往往不惜代价或不计成本。

(二)社会组织的含义

1. 社会组织的概念

西方国家关于社会组织并无固定的定义。通常意味着各种实体、团体、社区和相互联结。所有的社会机构都可以视为社会组织。相互关联的个人和团体共同创造了社会组织,它是人与人之间、社会互动的结果,它是个人和团体参与的社会关系网络。近年来,社会组织的提法在中国各种媒体上不断显现。

党的十七大报告中指出:"发挥社会组织在扩大群众参与、反映群众诉求方面的积极作用,增强社会自治功能,重视社会组织建设和管理。"标志着社会组织的概念得到了官方的认可。民政部曾专门就《社会组织登记管理条例》中的"社会组织"进行了解读:本条例所称社会组织,包括社会团体、基金会、社会服务机构。社会团体,是指中国公民自愿组成,为实现会员共同意愿,按照其章程开展活动的非营利法人。国家机关以外的组织可以作为单位会员加入社会团体。基金会,是指利用自然人、法人或者其他组织捐赠的财产,以提供扶贫、济困、扶老、救孤、恤病、助残、救灾、助医、助学、优抚服务,促进教育、科学、文化、卫生、体育事业发展,防治污染等公害和保护、改善生态环境,推动社会公共设施建设等公益慈善事业为目的,按照其章程开展活动的非营利法人。社会服务机构,是指自然人、法人或者其他组织为了公益目的,利用非国有资产捐助举办,按照其章程提供社会服务的非营利法人。在官方的条例中尚未看到社会组织的明确定义。基于其所列的社会组织的具体形态,可以判断社会组织分成社会团体、基金会、社会服务机构三大类。随着时代的发展,社会服务、社会慈善、社会救助、公益事业等组织均被视为社会组织。

学术界对社会组织定义可以概括为:社会组织是不以营利为目的的

各种非政府的社会组织；也可以将部分社会组织定义为：符合国家法律规定的非政府的、非营利的（民办非企业单位）、不以营利为目的并依法登记的组织。通常在讨论社会主体的时候，一般谈及三大主体：为人民提供公共服务的政府、为社会提供商品的企业以及社会组织。本文将社会组织的范畴界定为指国家和政府、企业之外的所有民间组织。

2. 社会组织的特征

社会组织具有民间性、非营利性、服务性、志愿性、自主性等特征。

（1）民间性。社会组织根植于社会，是社会在发生发展过程中逐渐产生和发展的。社会组织通过服务社会而获得人力资本、技术资本以及文化资源等生存要素。民间性关系的嵌入，为社会组织参与治理提供了发展契机。

（2）非营利性。无论社会组织脱胎于官方机构还是独立成立于民间。大多数社会组织都不是为了营利，而是为了社会或政治目的，或者是为提供公众所需要的服务。非营利性作为一个术语已经涵盖了除企业组织、政府组织之外的几乎所有组织。在社会组织运行过程中仅以获取维持其运转为目的的资源，不以追求利润最大化为目的。这也是社会组织与其他组织最本质的区别之一。

（3）服务性。社会组织存在的意义，就是负责提供特定类型的活动，或提供公众需要的特定物品。社会组织是基于其成员所具有的在某一领域的优势或专业属性开展活动或提供服务与产品。其提供的产品或服务中，绝大多数具有公益性的特点，即不以营利为目的。

（4）志愿性。志愿性是社会组织的重要特色。绝大多数社会组织成立，不是依靠公共权力强制推行，也不是依靠资本力量推动。社会组织是由志愿者组成的，以"志愿者"身份活动，具有奉献、志愿的精神。

（5）自主性。自主性是指社会组织是自愿组建起来的，直接参与公共服务和社会管理。绝大多数社会组织中不仅拥有独立运转机制，有一定的自主决策权。在获得政府政策支持的同时，也有一定的自主活动空间，对人财物有统筹安排的权限，自主确定提供公共产品与公共服务数量和种类。在社会组织管理体制不断转型的背景下，国家鼓励社会组织参与社会治理，提高社会组织自主性。

社会组织具有的这些特性，使它们在社会治理过程中发挥着举足轻重的作用，这些特性使得社会组织弥补了公共权力无法覆盖所有领域的不足。社会组织在提供公共服务、维护公共利益、增强社会活力等方面发挥着不可替代的作用，是促进公共精神培育和发展的重要基础。

3. 社会组织的分类

从民政部对社会组织的分类来看，其涵盖的范围比较广泛，主要包括社会团体、基金会、民办非企业单位三大类型。根据民政部发布的社会组织统计信息，截至2020年，全国共有社会组织89.6万个。其中，华北地区社会组织总量89740个，东北地区社会组织总量61520个，华东地区社会组织总量343923个，华中地区社会组织总量113052个，华南地区社会组织总量111288个，西南地区社会组织总量103926个，西北地区社会组织总量73341个。与2011年前相比，社会组织总体的数量增长了近1.9倍，吸纳就业人数增长了近1.7倍，如表0—1所示。

表0—1　　2011—2020年中国社会组织数量及吸纳就业人员情况

指标 年份	数量（万个）	比上年增长（%）	吸纳就业人员（万人）	比上年增长（%）
2011	46.2	3.7	599.3	-3.1
2012	49.9	8.1	613.3	2.3
2013	54.7	9.6	636.6	3.8
2014	60.6	10.8	682.3	7.2
2015	66.2	9.2	734.8	7.7
2016	70.2	6.0	763.7	3.9
2017	76.2	8.4	864.7	13.2
2018	81.7	7.3	980.4	13.4

续表

指标 年份	数量（万个）	比上年增长（%）	吸纳就业人员（万人）	比上年增长（%）
2019	86.6	6.0	1037.1	5.8
2020	89.4	3.2	1061.9	5.2

资料来源：根据2011—2020年《民政事业发展统计报告》资料整理而得。

从社会组织的类型来看：2020年社会团体总量为37.5万个，2020年的增长率为0.8%，2020年占比社会组织总量的41.9%，如图0—1所示。

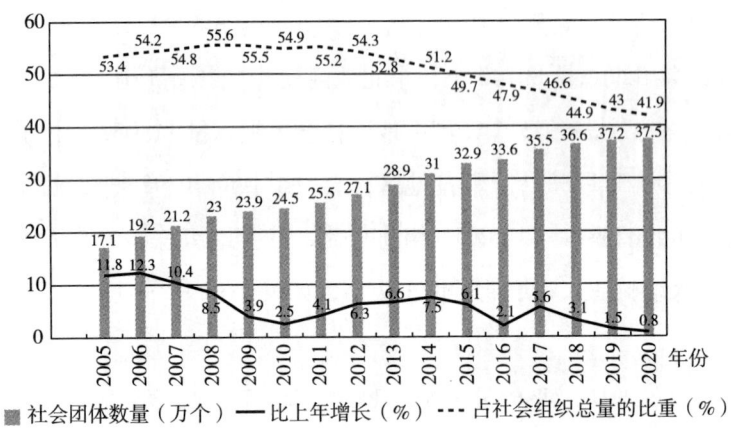

图0—1　2005—2020年社会团体数量、增长率、占社会组织总量的比例

资料来源：根据2004—2009年《民政事业发展统计报告》、2010—2020年《社会服务发展统计公报》资料整理而得。

2020年民办非企业单位总量为51.1万个，年度增长率为4.9%。社会组织总量一半以上是民办非企业单位，2020年民办非企业单位已占社会组织总量的57.2%，如图0—2所示。

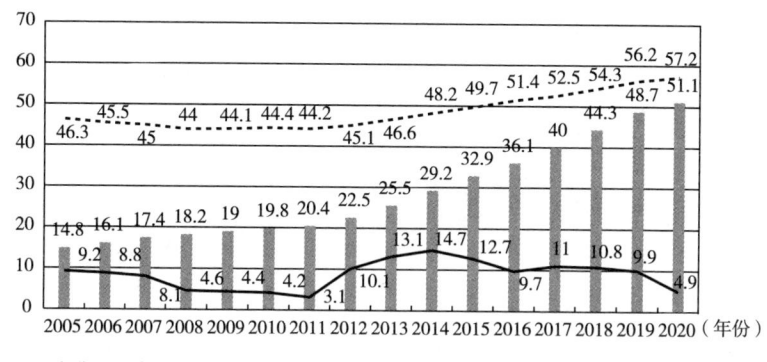

图 0—2　2005—2020 年民办非企业单位数量、增长率、占社会组织总量的比例

资料来源：根据 2004—2009 年《民政事业发展统计报告》、2010—2020 年《社会服务发展统计公报》资料整理而得。

2020 年基金会总量已达 8432 个，年度增长率为 11.2%，占社会组织总量的 0.9%，如图 0—3 所示。

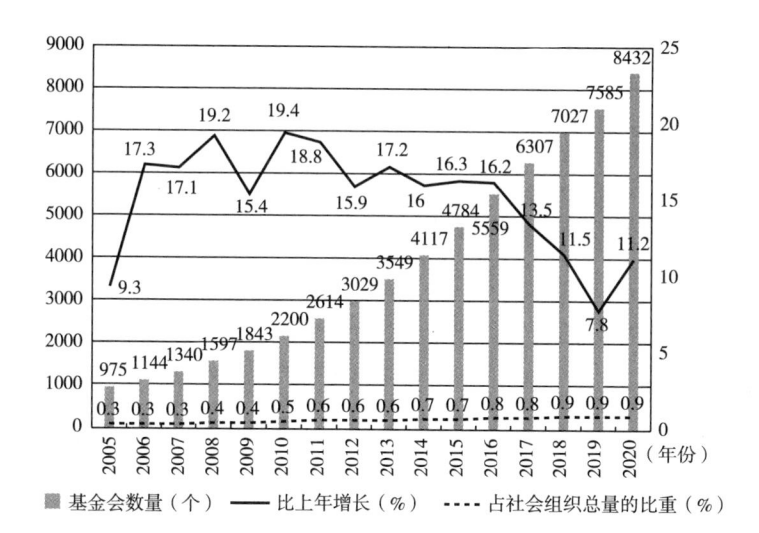

图 0—3　2005—2018 年基金会数量、增长率、占社会组织总量的比例

资料来源：根据 2004—2020 年《民政事业发展统计报告》、2010—2020 年《社会服务发展统计公报》资料整理而得。

2011—2020年社会团体、民办非企业单位及基金会数量对比,如图0—4所示。近些年来,社会组织的数量和质量不断提高,涉及领域也不断拓宽,并逐渐从源头参与各项社会服务管理。

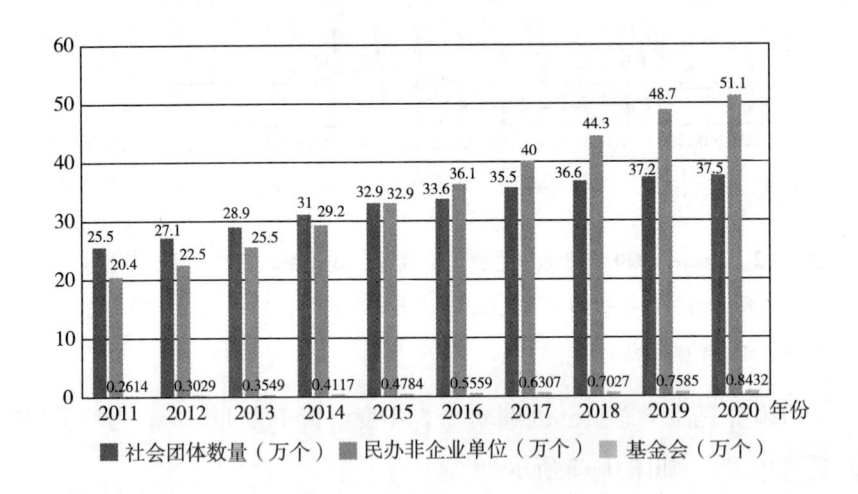

图0—4 2011—2020年中国社会组织数量增长情况

资料来源:根据2011—2020年《民政事业发展统计报告》、2010—2020年《社会服务发展统计公报》资料整理而得。

(三) 社会组织参与应急管理

1. 社会组织参与的概念

参与是指成员参与社会不同活动的程度,不同成员通常表现出不同的参与模式。在任何一种社会制度下,都需要其成员进行程度不等的参与,成员的参与可以从完全主动参与到完全被动参与。参与在最基本的层面上意味着人们加入影响他们生活的决策和各种活动之中。通过参与,人们可以确定行动的机会和战略,并团结一致以实现预定目标。在现代社会中,参与不仅仅是行动,而且还代表着一种表达自身诉求的价值观。参与能反映公众的意愿、情感及能力,也能反映政治、经济发展程度和文化发展水平。

绪　论

参与是社会组织活动的重要方式之一。社会组织作为社会的一部分，往往通过参与达成某些共同的目的，如社会组织通过参与活动获取资金。社会组织参与社会活动的主要原因包括：为了获得利益、为了学习、为了享受乐趣以及为了对事业作出贡献。社会组织可以通过与社会公众、政府及相关公共部门开展合作，为社会公共事务的处理提供更好的服务。社会组织参与是创新社会治理的重要手段，是推进国家治理现代化的重要内容。社会组织能够参与公共政策过程、社会福利事业以及公共产品提供，同时还能够充分调动企业等其他主体的参与积极性，从而推动公共政策制定的科学性和民主性，不断提高公共管理的优质发展。社会组织参与不仅能够为基层社会治理提供一个更宽松的环境，其发展程度也有助于促进社会的文明进步。

作为社会治理参与的一部分，社会组织参与应急管理，是指为充分实现应急管理的有效性，社会组织在应急管理准备、预防、处置、恢复的全过程中与政府等主体、与救援对象等客体，相互作用和影响的过程和方式。社会组织参与对于应急管理和加强地方一级的安全至关重要，可确保在发生灾害/灾难时提高其复原能力。参与应急管理的社会组织，通常包括非政府组织、社区和民间团体、媒体等。本书的研究将重点围绕社会组织参与地方应急管理的目的、功能与意义，明确其社会参与组织的参与边界以及如何实施有效参与。

2. 社会组织参与的功能

社会组织在国家治理体系中的作用主要体现在以下五个方面。

一是承担政府转移出的职能。政府在提供公共产品和公共服务过程中，无力企及的服务或是存在空缺的部分，需要由社会组织来进行补充。伴随着市场经济的发展及体制转型，政府认识到了公共事务治理的复杂性及自身的不足，逐渐开始考虑能否将自己的公共服务和公共产品提供的职能转移给相关的社会主体。随着社会组织实力的不断增强，社会组织日益成为政府部分职能承接的重要主体。社会组织具有独特的作用，并且把基层公众的信息和问题反馈给政府，同时也把政府的治理理念、政府的法律法规更有效地传递给其他主体，使之能够更有效地理解政策、执行政策。社会组织作为平台能够将公众的意见聚合到一起并及时反馈给政府及职能部门，从而减少了社会矛盾冲突，有利于维护社会稳定。

二是填补政府提供给公共产品与公共服务的空白。社会组织可以有效的发动基层群众，激发群众的热情，开展物质捐赠等各种公益性活动。例如，中国扶贫基金会等社会组织能够发挥资金募集的作用，每年都能够从国内外募集大量的资金，用于各种公益慈善事业以及帮助各类群体。社会组织广泛参与灾区的救灾、贫困地区的精准扶贫，老人妇女儿童等弱势群体的关怀以及农村留守儿童、老人的关照，等等。多年来，社会组织参与了社会治理的一些重大工程及项目，如为贫困儿童捐资助学、为精准扶贫提供各种支持、为残疾人事业提供资金，等等。

三是创造大量的就业岗位，弥补收入差距。社会组织自身发展壮大，能更多地吸收社会大量的从业人员参与到社会组织的活动中，这对于农村富余劳动力、城市下岗职工、无业人员的就业大有裨益，并且通过大量的社会中介组织，为不同的用人单位提供人才信息交流平台，提供各种各样的人力资源服务，从而有效缓解社会的就业压力，提升了就业人员的收入。截至2020年底，全国社会组织吸纳社会各类人员就业1061.9万人，比上年增长5.2%[①]。从分布上看，社会组织不仅在城市中获得了较快发展，而且在广大农村中也有其分支和广泛的影响力。社会组织涉及政治、经济、文化、科技、教育等多个领域，发挥服务社会的功能同时也创造了多个就业岗位提供丰富的就业渠道，在化解社会劳动力供需矛盾方面发挥了重要作用。

四是利于国际交往，社会组织功能的发展是客观经济环境发生变化的必然要求。社会组织在国际合作交往过程中不断提升自身的技能。随

[①] 民政部：《2020年民政事业发展统计公报》。

着全球化的发展，包括各行各业的商会协会国际性的交流日益密切。特别是中国加入世界贸易组织以后，社会组织承担了政府交办的招商引资、中介服务等任务，同时，社会组织在自身建设方面也迎来了很多发展的契机，例如，通过交往可以汲取其他各国社会组织自身管理、运营以及开展服务的经验，并且在与国际组织进行公益性合作过程中提升社会组织的服务功能。

五是促进政府进行职能改变。中国社会主义现代化建设过程中需要正确处理政府—市场—社会之间的关系，并在此基础上，改革现有政府的管理机制和体制，实现政府职能的优化。

总而言之，社会组织参与社会治理的重要性，已经引起了各级政府的高度重视，社会组织作为独立的主体之一，已经在社会治理多个领域、多个层次发挥了重要作用。

3. 社会组织参与的方式

社会组织参与社会事务治理形态千差万别，按照有效性大致可以划分为三类：第一类，社会组织从事知识的生产、传播，也可以创造和分享知识。如具有学术性质的社会组织，其研究人员可以产出知识，出版相应的出版物，向公众分享和推广他们的知识与发现，等等。再如，通过课题讲座、讨论会、座谈会、培训班等形式向公众提供各种知识，加强对某一特定问题的宣传和教育。社会组织通过各种媒体媒介（诸如各种协会、各种兴趣小组、各种印刷品以及各种报刊、公益广告）把必要的信息传播给社会大众，在一定程度上，吸引了公众的注意，提升了公众对于这些问题的认知，并易于改变公众对某些问题的态度与行动。

第二类，社会组织越来越多地参与、影响公共政策的制定。社会组织在社交媒体、自媒体等平台上广泛宣传，在其中传播带有倾向性的观点和认识，从而影响政府公共政策议程。社会组织也积极派代表参加政府组织的各种听证会，在其中发表自己的观点，表述自己的利益诉求，间接参与了公共政策制定。在西方国家，社会组织成员通常在议会中对议员们就某项公众关心的议题进行游说，从而获得议会的支持，使其载入政策议程。

第三类，社会组织通过直接参与各项事业建设，提供政策建议。社会组织从事具体领域的发展活动，有些是在其资助者的支持下按照协商意图进行的，即别人出资，社会组织办事；有些是独立进行的，由社会组织自己制订发展活动计划，并由自己去实施。在这些建设活动中，社会组织可以充分发挥其专业性，有针对性地提供专业化的知识和技能，对所参与事业提供更多的信息、资源、人力等方面的支持。

五 研究结构与方法

（一）研究结构

绪言部分，主要从论题的缘起及其价值出发，继而探讨本选题的研究价值，在此基础上对于社会组织参与应急管理命题的国内外相关研究进行汇总分析，概括国内外研究现状及尚需完善之处，为了便于对选题有清晰的认识，对于危机、应急管理、社会组织、社会组织参与等概念进行界定，并介绍本书的研究结构与研究方法，最后剖析本书研究的重点难点、创新点与不足。

第一章为社会组织参与应急管理的理论基础。从社会组织参与应急管理的选题背景与意义出发，梳理社会组织参与应急管理已经积累的理论研究成果。社会组织参与应急管理还面临诸多问题，尚需用成熟的理论加强社会组织参与应急管理的指导。本章将研究者广泛关注的治理理论和自组织理论。通过理论的分析与比较，对于下文社会组织参与的机理、动因、保障进行归纳分析，为本书深入分析提供理论支撑。

第二章为社会组织参与地方应急管理的要素。由于我国社会组织起步较晚、正处于发展完善之中。因此，对于社会组织务必理清其基本要素，诸如基本概念和理论进行的梳理，在此的基础上结合应急管理工作的实际，对社会组织参与地方应急管理要素进行区分，对其功能进行定位，形成社会组织参与地方应急管理的分析框架。

第三章为新时代社会组织参与地方应急管理的发展成效。诚如前文所言，社会组织参与地方应急管理是国家治理建设的重要组成部分，进入新时代，取得了显著的发展成效。本章首先从参与制度和参与政策两个方面分析了社会组织参与应急管理的发展；其次，对社会组织参与应急管理取得的成效进行了汇总分析。本章意在形成对社会组织参与应急管理发展的总体认识。

第四章为社会组织参与地方应急管理的案例与借鉴。社会组织参与地方应急管理中，地方政府与社会组织合作水平依然有较大的提升空间。社会组织除了依靠自身的经验积累之外，需借鉴其他国家、先进地区社会组织参与地方应急管理成熟的做法，总结国外社会组织参与应急管理的经验，形成对我国社会组织参与地方应急管理的启示。

第五章为社会组织参与地方应急管理的改革与创新。新时代的应急管理格局中，务必处理好社会组织与政府的关系，这就需要在政府与社会组织之间建立良好的互动关系，进一步建立良好的互动机制，提高合作效能。结合中国国情，针对前文提出的问题及因素分析，本章汲取国内外有益经验，提炼出提高我国社会组织参与地方应急管理效能的对策路径。

（二）研究方法

1. 文献分析法

在本书的撰写过程中，通过图书馆借阅相关纸质书籍以及在互联网利用中国知网等电子平台，收集有关社会组织参与应急管理的期刊、论文、报纸文献。对于这些文献进行整理、归纳、分析、总结，为本书的研究提供必要的文献支撑。本方法用于研究全程，为本书的撰写提供有力的论据和案例素材支撑。

2. 比较分析法

应急管理是全人类应对危机的智慧结晶。社会组织参与应急管理是世界范围内的趋势。在甄别国情、文化、社会制度不同的基础上，凡是有利于中国社会组织参与应急管理的实践和经验都应积极借鉴。因此本书将探寻国外社会组织参与应急管理的先进经验和优秀研究成果，为中国社会组织参与地方应急管理提供宝贵的借鉴。

3. 规范分析法

在甄别社会组织参与应急管理实践的同时，也需要从理论图景进行展望。本书将使用规范分析方法，对于社会组织参与应急管理进行全面的分析。在应急管理中进行社会动员建构与社会组织有序参与问题的学理分析，回答应急管理中社会组织有序参与策略"应该是什么"等问题。

4. 案例分析法

在研究社会组织参与地方应急管理的现状以及存在的问题时，结合发达国家重大突发公共事件应急管理及国内典型突发公共事件应急管理的具体做法，为论点论据提供支撑材料。同时，在比较吸收借鉴发达国家应急管理参与经验的基础上进行综合分析，使本书的内容更加具体翔实。

六　研究重点难点与创新点

（一）研究重点与难点

社会组织参与地方应急管理的现状与问题。该内容对课题研究主旨的达成和研究目标的实现非常重要。社会组织参与地方应急管理的层次、特点、本质、基本模式，社会组织参与的问题归因等，是研究社会组织参与地方应急管理的基础。社会组织参与地方应急管理的未来发展应以何种框架、机制进行，如何充分发挥社会组织参与地方应急管理的效率等问题，都是本书所要回答的重点。

关于社会组织参与应急管理的数据收集方面存在着较高的难度。相关数据及案例，缺少统一的统计数据口径和公开的数据来源。同时，对于社会组织参与应急管理的状况分析难度较大。中国社会组织数量较多，地域分布广泛且分类形态各异，不同地区文化各有特色，经济发展状况迥异。这一现实致使社会组织参与状况各具特色，整体表现为参与目标的多样性、社会组织参与行为的复杂性以及社会组织参与效果的不确定性。本课题力图在文献梳理、比较分析的基础上，确保研究结论的准确性。

（二）创新之处

当前，对于社会组织参与应急管理的研究刚刚起步。在应急管理主体视角上，多以政府为第一视角进行研究，对于社会组织参与的深度、广度及自组织能力的研究缺乏深入的分析。本书以社会组织的参与为切入点，在梳理国内外相关文献的基础上，对我国地方应急管理"共治""善治"进行研究，力求在研究视角转换及研究层级上有一定的创新。

第一章　社会组织参与地方应急管理的理论基础

社会组织参与社会治理涉及政治、经济、文化等方方面面，所覆盖的领域十分庞杂。作为应急管理发展的新方向，社会组织参与受到越来越多国家和地区的重视。社会组织已经作为发达国家应急管理的一支重要参与力量。在中国，社会组织参与应急管理也已成为我国国家治理的热点领域。关于社会组织参与应急管理的理论研究已经积累了较为丰硕的成果，但随着研究的深入，不难发现现有的理论研究仍需进一步深化，为社会组织参与提供更为深入和全面的指导。同时，应急管理中社会组织的参与还面临诸多问题，尚需进一步加强社会组织参与应急管理的理论研究。其对于我国社会组织有效参与应急管理实践，实现我国社会和谐发展具有重要的意义。本章将研究者广泛关注的治理理论和自组织理论等作为分析社会组织参与地方应急管理的理论基础。通过理论的梳理与分析，对于社会组织参与的动因、功能及保障进行归纳分析。

第一节　治理理论与社会组织参与

一　治理理论的基本含义

20世纪90年代以来"治理"（governance）的概念脱颖而出，与之相伴，又产生如"公共治理"（public governance）、"善治"（good governance）等一系列相关概念。同时，这些概念引发了实践界的广泛关注，形成了以"重塑政府"为核心的改革潮流。西方学术界将治理理论视为"显学",有关治理的研究是近年来社会科学领域聚焦的中心之一,形成了不同的研究模式。在学术研究中,已经产生了一批在世界范围内具有广泛影响力的学术成果,如罗西瑙(James N. Rosenau)的《没有政府的治理——世界政治中的秩序与变革》、罗兹(R. Rhods)的《新治理:没有政府的统治》、彼得斯(B. Guy Peters)的《政府未来的治理模式》,等等。治理的概念由于具有广泛的适应性,已经成为囊括所有基础管理的一个"顶层"概念,其影响力遍布全球。

第二次世界大战以后,在西方发达资本主义国家,尤其是北欧国家,普遍实行了高福利高税收的政策,人民的生活水平得到了相当大的提升,因此人们坚信福利主义,会弥补市场经济体制的不足,被福利国家的种种优点所吸引,以凯恩斯主义来作为国家经济运行发展总的指导理论。在取得了显著的福利水平提高的成果后,却又产生了政府支出负担沉重等一系列问题。尤其是20世纪六七十年代以来,出现的经济停滞、通货膨胀,政府高税收、低收入以及政府的无效率、效能低下,致使政府提供的公共产品和公共服务质量下降。特别是在石油危机、金融危机、人权运动等危机影响下,西方发达资本主义国家不得不对政府体系进行了重大的改革以应对危机,这次改革范围广、力度大,在世界范围内广受瞩目,其影响也迅速波及广大发展中国家。这些改革虽然有着五花八门的名称,但是其本质是一样的,即不同于以往任何改革的公共管理新模式诞生了。针对这些改革,耶鲁大学社会学家佩罗(Charles Perrow)认为:"各种类型组织的创始人和现存组织的改革者反复将工厂这种产业组织模式视为当时重要的社会创新。"巴扎雷(Michael Barzelay)更是大胆地进行了预测,认为备受推崇的官僚制时代可以摒弃了,政府可以像企业为消费者(顾客)那样为公众提供高质量的服务。奥斯本(David Osborne)和盖布勒(Ted Gaebler)在《改革政府——企业精神如何改革着公营部门》中指出美国重塑政府的经验值得在世界范围内进行推广。胡德（Christopher Hood）提取西方各国政府改革中的共同之处，并将其称之为新公共管理典范。由此，"新公共管理"这一称谓成为对于这场改革最有影响力的界定。

人们在反思福利国家的过程中，开始考虑其是否为一种最优化的制度选择，在市场、社会和政府之间究竟需要形成何种最恰当的关系？即公共产品和公共服务的提供是否应该市场化，公共企业是否应该适应化，公共部门中是否需要引入竞争机制？政府是否可以身兼提供社会福利、同时促经济保增长两种角色。实际上，西方国家的这场改革就是在厘清政府等公共部门在社会治理当中到底应该扮演何种角色，同时也意味着如何要为背负高额财政支出负担的政府职能进行减负。这实际上也是人们长期以来探讨的重要命题。不可否认的是，政府在确保社会公平公正、为民众提供普遍意义的社会保障制度、保障人民群众的衣食住行、保护环境等方面，发挥着不可替代的重要作用，但是同时这些职能的履行也耗费着巨大的社会资源。如何以比较低的投入（财政资源）获得较大的产出（公共产品与公共服务），成为政府自身内部管理优化，探寻改革最优路径的重要着眼点。在寻找"良方"的过程中，将善于节约成本、优化管理流程的企业管理纳入了公共管理研究者和实践者的视野之中。因此，将企业管理的方式带入到政府管理之中这种模式被称为"企业家政府"。因为它是不同于传统的政府管理模式的，又被称之为"新公共管理"。新公共管理模式的出现，使得原有的关于公私严格限定的界限被打破了，研究者和实践者逐渐认识到，只要有利于政府提高效率的管理方法、手段、理念，都可以积极借鉴，同时，对于企业这一主体在社会治理中的作用逐渐受到高度重视。

新公共管理理论是相对于传统行政管理而言，以全新的视角、理念、价值观研究政府管理的现实和未来发展。新公共管理对于私人企业的管理方法和管理理念尤为推崇，认为其方法和理念完全可以引入公共管理之中。包括私有化改造，包括国有企业的私有化改造、指挥链的重新设

第一章 社会组织参与地方应急管理的理论基础

计、非核心业务以项目的方式外包、引入企业绩效评估的方式，等等。新公共管理主要以政治学、经济学、企业管理理论交叉融合，将国家与社会、政府与市场关系推进到了新境界，形成了西方国家政府改革及发展的主流形态。它既是为了解决社会现实问题而不得以回应的产物，同时也是顺应时代发展需要的产物，具有科学性、客观性。它同时也标志国家治理摒弃大而全的政府职能定位，由封闭转向开放，顺应了现代社会民主的需求。

新公共管理理论虽然有上述优点，但是它也存在着不足之处。它过分强调市场机制、私营部门在公共管理中的作用，过分强调用市场化的方式、基于企业消费者顾客至上的理念来提供公共产品和公共服务，然而公众不等于企业的消费者，容易引发和政府逃避责任和公众对于政府存在意义的质疑的问题。一些研究者看到了其带来的问题，提出了尖锐的批评。例如，美国学者格林（R. T. Green）和哈伯尔（L. Hubel）则更为具体地批评说，企业家政府模式引用法国经济学家萨伊（Jean-Baptiste Say）对企业家概念的定义，并试图将这一定义简单地推广为任何人、任何公务员或公共组织均可以仿效的行为准则，这是对美国政府及其治理模式的极大偏离，这些偏离将会引起涉及诸如三权分立体制中的制度关系、法治、制度稳定与整合、分配效应以及富有活力的政治社群的维持等传统的基本政治问题。另外，在市场化过程中也出现了一些不尽如人意的腐败现象。这一切，导致公平与公正问题的凸显[1]。

在对新公共管理理论反思批判的基础上，以美国学者丹哈特（Robert B. Denhardt）夫妇为代表研究者提出了新公共服务理论。新公共服务理论强调对公共管理中多种角色进行重新定位。"新公共服务理论在欧美国家同样产生了广泛的影响，得到普遍的认同，主张政府、私人部门、志愿者组织、第三部门的参与互动，认为公众和第三部门的参与是

---

[1] 陈振明：《走向一种"新公共管理"的实践模式——当代西方政府改革趋势透视》，《厦门大学学报》（哲学社会科学版）2000年第2期。

新公共服务运动发挥作用的前提。其核心是公共利益和市场的结合，主张建立政府与民间、政府与公众之间紧密合作的关系，以更为有效地解决社会公共问题。政府是公共服务的供给者，政府是公共服务不可或缺的环节，面对复杂多变的社会事务，政府的责任要比其他社会组织更有效率。政府需要与公众有更为密切的接触，与公众进行有效的沟通和对话，从而了解公众对于公共服务与公共产品的诉求。而公共政策的有效执行也得益于公众的理解和配合程度，政府所服务的公众绝对不能等同于企业的消费者，政府天然地具有不可推卸的责任。政府无论如何不能将公众排除在公共服务体系之外，因而必须将公众作为参与的重要主体和力量。

伴随着新公共管理、新公共服务理论，20世纪90年代治理理论兴起。治理理论比新公共管理运动更有影响力。1995年，全球治理委员会在《我们的全球伙伴关系》的官方报告中，指出"治理是多主体共同参与管理共同事务的一种总和，强调政府和市场以及公民社会，这些不同的利益主体需要进行协调与良性互动，采取联合行动进行共同事务的治理"[1]。中国研究者亦提出："治理应当是在一个特定区域里，用权威来维持正常秩序，有利于社会利益的积累，它是国家与民众、政府与社会、公有制与私有制之间的相互协作"[2]。总体而言，治理是一种新型的、多元主体互动的方式。

罗西瑙在《没有政府的治理》一书中对于治理与统治进行了辨析：统治强调的是以行政权力、军队、法庭等暴力机器为后盾，自上而下推行政策制定和执行，而治理既包括政府、也包括社会组织、公众等其他多元主体，这些主体有共同的目标。治理理论提出了"嵌入（embedding）"这一概念，主张用治理代替统治。治理理论针对的是政府和公众之间的委托—代理关系问题，治理是建立在多种不同的规范和侧重多元

---

[1] 全球治理委员会：《我们的全球伙伴关系》，（香港）牛津大学出版社1995年版，第2页。
[2] 俞可平：《权利政治与公共政治》，社会科学文献出版社2005年版，第147—148页。

主体动态互动的过程，在此过程中发展公共组织和有效管理公共事务。公众和政府的合作可以确保公共服务的有效供给，这是公众参与的重要意义。治理理念颠覆了政府传统的自下而上的行政管理理念，强调多元主体进行良性互动。在互动的过程中，通过协商而不是强制力来确立多元主体共同认可的目标，进而通过良好的伙伴关系来实现涉及社会治理的若干项目。治理实质上是对市场规则的高度认同，以及强调多元主体的利益，并且特别关照各个利益主体的合法利益诉求。政府也是基于自身局限，尤其是财政等资源短缺等现状，做出的迫不得已的现实回应。研究者们注意到了这一变化，重点关注于公共服务过程与结果的平衡问题、多元主体合作发展的问题以及治理中多元主体责任的分配等问题。治理强调多元主体的参与，倡导社会治理主体的多元化，形成一种去中心化的网络结构。

中国研究者认为"善治"（Good governance）"的理念，最早是由世界银行提出的，其将合法、效率、负责、透明、开放等要素融入现代政府治理之中，明确了当代政府的发展方向，具有划时代的意义。善治理论在公共管理研究领域中也得到了广泛的传播和认同。善治是一种社会公共价值，是一种社会管理过程，是一种最优化的公私合作的治理，善治实际上是力求将治理做到极致化，并从结果上追求公共产品的最优化提供与公众对其的最大化满意。而这个过程必然包括利益的调整、利益的分配与再分配和利益的落实。政治生活的重要内容就是公共权力的行使以及公民每个人都必须在宪法和法律规定的范围内活动，保障公民个人和社会组织充分行使权利，使最大多数人的利益最大化。从"善治"的角度来看，政治的合法性和有效政府资源配置的关系处于最佳状态。基于此，善治是"民主政治的要求"，是国家还政于民的过程。只有保障公众参与到公共事务的管理和决策中来，才能最大限度地发挥公共政策的制定和实施的作用，最终实现善治。

二 治理理论回应了政府失灵的问题

亚当·斯密在《国富论》中对于市场的功效高度认可,认为市场能够非常完美地体现个人对自己利益的追求。通过个人利益的追求,进而就会带动整个社会利益增值,因而个人利益与社会利益是一致的,政府不需要管理太多的事情,只需要做好"守夜人"的工作就足够了。按照市场经济理论的解释,市场能够对全社会的资源进行高效的配置。斯密及其后来者,都不断对这种古典经济理论进行了更为细致的修正。但实践是检验真理的唯一标准。西方所信奉市场这只"看不见的手"也有缺陷,它本身并不能规避信息的不对称性、参与主体能力的非对等性、外部性、垄断等缺陷,经济危机的周期性发生导致了西方国家经济效率的降低和社会福利水平的下降。

面对市场配置资源机制的盲区及短板,人们将目光转移到了政府这只"看得见的手"上。凯恩斯主义主张通过国家发挥主体作用,制定积极的扩张性政策,扩大就业、扩大财政开支、实行赤字财政,以此促进经济增长。凯恩斯主义指导了西方国家经济发展实践,在第二次世界大战之后到20世纪80年代之前,西方国家的GDP和社会福利水平显著提高。凯恩斯主义理论具有一个非常重要的前提,即政府必须具有充足的财政支撑能力。当政府财政支撑不足时,该理论会对国家经济社会发展造成不利的影响。在经历了70年代石油危机和"滞胀"危机之后,人们纷纷质疑凯恩斯主义的正确性,并成为研究者集中批判的对象。人们认识到,政府对于经济社会的管理也不是万能的,与市场失灵相比较,就会出现政府失灵的现象。传统的公共行政模式的核心是"公共机构和行政组织在一切行政活动中都发挥着不可替代的作用"。

1974年,美国经济学家韦斯布罗德(Burton A. Weisbrod)首先提出了"政府失灵"的概念。所谓政府失灵,是指个人对公共物品的需求在代议制民主政治中得不到很好地满足,公共部门在提供公共物品时趋向

第一章　社会组织参与地方应急管理的理论基础 ◀◁

于浪费和滥用资源，致使公共支出规模过大或者效率降低，政府的活动或干预措施缺乏效率，或者说政府做出了降低经济效率的决策或不能实施改善经济效率的决策①。美国经济学家弗里德曼（Milton Friedmann）认为："自由市场的存在当然不排除对政府的需要，相反地，政府的必要性在于它是'竞赛规则'的制定者，又是解释和强制执行这些已被决定的规则的裁判者。市场所做的是大大减少必须通过政治手段来决定的问题范围，从而缩小政府直接参与竞赛的程度。"② 布坎南（James Buchanan）为代表的公共选择学派认为与其他组织一样，政府、政党政治组织中同样是由人组成的，有逐利的行为，同样具有追求自身利益最大化的取向。在党派竞争过程中也并非完全出于公益的目的，也会出现非理性行为，因而导致政府治理过程中存在着各种缺陷。政府对于市场经济领域的干预，并不意味着可以充分解决市场尚未解决问题的同时克服政府自身的缺陷。

政府体系及公共机构历经改革确实仍存在职能转变不到位、权力"寻租"、结构不适、舆论失序、效率低下、财政虚缺等问题，严重影响政府机构的履职尽责，使政府职能转变缺乏系统性、整体性和协同性，不利于公共管理提升效率及保障社会充分的公平公正。公共事务治理呈现出前所未有的复杂多变，公共需求也愈发多元个性化发展。既有的行政管理效率与公共服务供给的数量与规模不匹配，政府迫于压力被动回应的概率越来越高，而政府面对复杂的局势决策时有失误，对其提供的产品数量与质量造成严重影响，降低了政府的公信力。

一言蔽之，国家或政府的活动并非总是如同它所应该的，或者如同理论上所认为能够做到的那样"有效"。政府亦有不可忽视的自身局限。研究者普遍认为政府的局限主要体现在以下几个方面：一是政府虽然代

---

① 叶姗：《论财政危机困局及其法律成因与转机》，《财税法论丛》2007 年第 1 期。
② ［美］米尔顿·弗里德曼：《资本主义与自由》，张瑞玉译，商务印书馆 1986 年版，第 16 页。

表公众利益而服务,但是政府也有自身的利益范围和利益诉求。由于政府也是由人、众多部门、机构组成的,因而人、部门和机构追求私利的经济人本性,会使政府形成内部动力追求自身利益。二是政府虽然强调公正公平公开,但是由于社会治理的复杂性,政府不可能完全从技术上做到,因而存在某部分群体的获利是以某部分群体的损失为前提的情况。三是政府运作的无效率并不总是来自领导者及其职员的无能,而是由于政府是自然垄断组织,政府之间的竞争机制并没有完全市场化,因此政府部门及人员的行为,除了考虑效率之外,往往还会考虑选票等政治因素。四是政府拥有强大的权力尤其是强制力,因此公共权力对于自身的监督往往十分受限,无法完全规避滥用权力及寻租等行为。

政府失灵并非无解,按照治理理论,政府可以把企业管理的方式引入其中,如对公共部门、公职人员提供目标激励;政府可以以竞争招标的方式,将公共服务的提供权分配给具有能力的其他主体;政府可以引入第三方机构帮助其优化运营流程,削减成本;政府可以把部分公共服务及公共产品以外包的方式委托给社会组织。从这些应对措施,可以看出,政府失灵的应对非常需要除了政府以外的多元主体共同参与来弥补政府治理中的能力不足,正是因为政府失灵现象的产生才需要社会多元主体共同参与社会治理。

三 治理理论的目标是协同治理

政府、市场、社会之间的复杂关系决定了在国家治理中必须充分发挥多元主体功能,多元主体必须承担不同的责任和义务。协同治理是指多元主体通过各种渠道展开合作,以高度契合的方式达成公共事务治理以实现组织目标的过程。即协同治理是为了实现国家治理的目标,由公共部门、私人机构以及公民个人等多元主体,合作管理公共事务的诸多方式的总和。

国家治理体系中分为政府、市场和社会三种主体。这三种主体相互关联、相互影响。其中，政府是拥有公共权力的治理主体，市场是提供产品的主体，而社会组织及其成员是赋予政府权力、消费品参与生产、分配的主体。

政府及公共部门在执政党的领导下，负责某些重大决策的制定、运用公共权力执行政策对社会事务进行管理。对政党而言，领导政府开展公共管理活动是其政治生活的重要组成部分。政府机关的工作人员对公共事务的管理实行集体领导和个人领导。在构建多元治理体系的过程中，无论是政党、政府还是非政府组织或公民等多元治理主体，都必须遵循一定的价值理念和价值行为规范，这种主体多元化、多中心化的治理模式是建立在多元主体基础之上的，而国家治理则是依托于多元主体之间合作基础上的。这些主体通过正式制度或非正式制度安排，参与公共管理活动。

在过去，由于社会力量相对弱小，无法承担"元治理"的角色与功能。而今社会自治的程度越来越高，社会组织、公益机构、兴趣团体等基层群众自治组织、网络组织的力量就越来越强大，参与治理的同时就拥有了国家治理的能力，而且可以通过公共政策的引导和参与制度的保障，为社会组织参与社会治理提供制度化的设计。值得注意的是，社会组织具有一定的自制能力及独立性，社会组织成员在开展特定公共服务和公共产品时，政府未必与其进行充分的沟通。政府通常不介入社会组织的内部管理，而是通过设计优良的法律政策来对社会组织的行为进行规范；另外，一些社会组织在承接政府职能，并通过法律来践行他们的诉求。因此，如何有效回应这些社会问题的关键是积极构建多元化的社会主体共同参与治理。

协同的实质就是多元主体之间通过各种方式来共同完成对于公共事务的治理并达成最优的效果：一种是以政府为主，其他多元主体配合的模式，在此种模式下，政府以其公共权力为依托实施公共管理，其他多元主体起到辅助配合的作用，政府设置整个游戏规则和体系，多元主体按照体系规则参与服务；另一种就是多元主体共同治理的模式，在此种情况下，由社会多元主体共同制定游戏规则，各主体按其进行分工合作。无论是哪种方式，多元主体参与到国家治理体系之中，都应在彼此间形成一种有秩序的、稳定的关系，而这种稳定的关系对于国家治理是十分重要的。

四　治理理论与社会组织参与地方应急管理

治理理论阐明了在公共管理乃至社会管理的过程当中，存在着政府、企业、社会组织、公众等多元主体，且需要多元主体的共同参与，尤其是社会组织的参与，能够辅助政府进行社会管理，整合必要的资源，更好地达到善治的目标。

经济社会的快速发展之中，也蕴含复杂的不确定因素。人类迄今为止，虽然在"与天斗"的科学技术防御手段上取得了显著的成绩，但是驾驭自然的能力依然十分有限。面对突发的自然灾害，人们既能够阻止灾害发生，同时又能够对其进行有效应对的概率仍然较低。自然灾害依然是造成公众生命和财产损失的主要威胁。人类具有逐利性的本性，往往因自身的利益受到损害而寻求救济。当寻求救济得不到满足之时，或满足的程度不符合心理预期，往往会引发人们对于利益诉求的行动升级从而引发社会危机。人类社会所面临的风险不仅取决于自身控制能力，还取决于其社会制度本身。而社会制度、群体意识等都是影响社会制度变迁的重要因素。尽管人类从技术上可以有效规避、降低各类事故、公共卫生事件发生的概率，但是主观性、意外性等多因素叠加，致使事故、公共卫生事件依然不断发生。

由于突发公共事件的突发性、不确定性，政府在突发公共事件及危机应对中同样会出现政府失灵的现象。从应急手段来看，政府往往以强制力为依托，采用行政手段进行应急处置，应急手段相对单一；从应急协调来看，政府往往依靠区域内纵向的政府层级部门以及各专业职能部门，但是这些部门之间存在着信息"鸿沟"、指挥链单一等因素，充分协调并不容易；从应急信息技术手段来看，政府往往依靠自行设置的网络体系收集信息、处理信息，但是依然存在着信息收集、处理的盲区，带来了被动回应的问题，尤其是在某些危机发生后政府往往未能第一时间到达现场；从应急资源收集来看，当危机发生时以及在善后处理时，政府收集、分发资源的能力十分有限，并不能够充分满足各方恢复到常态的需求。

目前，我国正处于经济转轨、社会转型，改革进入"深水区"的关键时期，各种矛盾交叉叠加，各种灾害频繁发生。各类突发公共事件的不断增长对公众的安全和社会的稳定产生了巨大的威胁。在突发公共事件的应对方面，如何科学有效地进行应急救援，如何保护公众的生命财产安全，是当前政府面临的一大课题。政府应急管理的失灵，使其不能及时有效地应对突发公共事件，抑制了应急管理的效果，同时也有可能带来社会的混乱和无序，增加危机治理成本。我国应急管理系统以政府为主体，同样面临着上述应急管理失灵的问题，诸如应急管理和救援队伍如何建立、应急管理和救援队伍体系如何完善，应急管理和救援技术能力如何提升等，在国家层面也亟须克服应急管理失灵的问题，建立一个高效运作的应急指挥系统。政府作为公共利益的代表者和维护者，有责任和义务提升应急管理的效能。

政府应急管理失灵的解决机制需要基于应急管理自身的特性构建。应急管理是一个复杂的系统过程，其不仅是以财力、物力和强制力作为后盾，同时还需要全社会的共同参与。治理理论为克服政府应急管理失灵提供了理论指导，它超越了政府组织中提供公共物品的有限理性，其蕴含的基本含义及其吸收多元主体的参与共治，为突发公共事件提供了行之有效的应对之道。治理理论在应急管理中所发挥的作用主要体现为打破政府作为单级管理主体、唯一主体的传统观念，将社会组织、公众也视为其重要组成部分，从而能够推动社会组织参与应急管理、与政府实现有效合作、实现善治。

　　治理的时代就是进行充分社会动员及广泛参与的时代。社会动员是国家、社会组织和公众通过社会核心价值体系建设和实践，形成一定的社会群体意识或精神动力，从而参与到公共政策和各项实践之中。在我国，社会动员就是广大社会组织和公众通过社会主义核心价值体系的理念、方式、途径、规则、标准和程序，从价值层面对社会组织成员进行形塑和引领，从而影响和改变社会成员的行为，继而影响和改变组织行为。社会动员是政府与社会互动的重要形式和内容。社会动员主要包含三个方面：一是建立有效的价值传递机制，通过政府官员和社会团体领导人的正确引导和强化社会团体和公众的政治责任感，使社会成员能理性、冷静地看待公共问题和解决公共问题；二是建立有效的沟通机制，通过信息情报的交流、反馈和传递，将政府和公众的意愿和情报信息传递给政府，让政府了解公众的真实需求，以便及时准确地了解和把握公众的心理状态，做出正确的决策；三是建立资源的有效集结机制，最大范围内进行充分社会动员，协作努力提高应急管理体系的效果与效能。

　　治理理论是我国社会组织参与应急管理的必然选择。我国社会组织参与应急管理逐渐进入"快车道"，在总体上形成了政府为主导、社会组织和公众为载体的多元主体参与的应急管理体系，同时政府也日益重视社会组织的协作，鼓励和支持社会组织参与，发挥社会组织的作用，这是完善我国应急管理体系的必经之路。应急管理中政府与社会组织的认同与合作，标志着应急管理体系形成了由一元到多元、由独立到整合，不同治理主体之间高度协同、运作的动态合作机制，共同维护社会公共利益。从实践来看，一些社会组织已经开始探索与政府密切合作的治理模式，如参与抗击 2003 年的"非典"疫情、2008 年汶川大地震以及 2020 年以来的新冠肺炎疫情，社会组织、企业、媒体等社会力量共同参与，协力促进突发公共事件及危机的解决。同时我们也应注意到，公众及社会组织参与，必须在规范的框架内开展，必须确保社会组织有足够的动力来参与社会治理。因此要从法律、制度加以规范和引导社会组织参与的主动性,推动社会组织参与依法实施,维护社会长治久安。

应急管理机制亟须得到调整和改变,应急管理部的成立加强了各个部门之间的协同,但是有必要将这种互动联动机制进行深化,尤其是对全链条的资源进行深入的整合。现有的应急管理系统主要包括以中央地方各级政府,应急管理部、公安部等各类职能部门以及消防、危化处置、地质、水陆救援等技术队伍组成。这些部门均具有传统科层制的组织结构特征。由于部门庞大、体系庞杂、沟通不畅,各自制定的政策往往存在着相互冲突或盲区。因此,需要"实现制度化的资源整合,协调各个主体综合考量灾害治理不同领域中的利益与贡献,充分发挥各职能部门的相互协同效应,进一步优化当前灾害治理体系,提升灾害治理的能力"[①]。

综上所述,治理理论是社会组织参与公共事务包括地方应急管理的重要理论来源,必须在应急管理当中注重多主体的存在(包括社会组织),在应急管理中注意政府—市场—社会三种关系的平衡,发挥社会组织资源汇集、沟通平台等优势,加强与政府进行组织协同,形成全社会风险共担共治,形成应急管理治理的联盟。

第二节 自组织理论与社会组织参与

一 自组织理论的基本含义

自组织是通过组织各组成部分之间的相互作用而自发形成的秩序。自组织这一现象的出现是由内部过程而不是外部的约束或力量产生的。研究者指出了几个典型的例子,如沙粒聚集成波纹状沙丘、化学反应物

---

① 文宏:《基于整体性治理理论的灾害风险治理体系优化》,《西北师大学报》(社会科学版) 2015 年第 4 期。

形成漩涡、构成高度结构化组织的细胞以及鱼群之间的相互结合。它们是组织行为的动力系统，出现在其组成部分之间的相互作用，而不受所谓核心组织的控制。生态系统也是一个耗散系统，它是一个远离平衡的开放系统，在这种系统中，局部变化可以发展成全局模式。全局特征通常是通过个体之间的局部交互的自组织而出现的。生态学的例子囊括从动物社会群体的结构到与植物分布相关的空间格局。它们包括群集行为和食物网的稳定性。自组织是一个过程，在此过程中，各个组成部分之间通过复杂的交互运动，形成稳定的相似的结构。

在对上述自然现象进行观察的基础上，20世纪60年代末期较为系统地提出了自组织理论。自组织理论研究的对象不仅仅包括诸如生命科学、物理学等自然系统，同时也囊括了对于社会系统的研究。对于人类社会的有序发展及人类社会的螺旋式上升，自组织理论也进行了解释分析。如，在组织过程中新产生的结构，并非事先计划好的，而是自然而然自发产生的。

普里戈金（I. llya Prigogine）等研究者证明，处于封闭状态下的孤立系统，即系统与系统之间没有任何物质信息能量交换的系统，由于得不到外界能量的补充，系统之间各要素的相互作用会出现严重的能量耗损，在这种情况下，会导致熵增加，因此系统由于能量失衡而出现混乱，造成系统的分崩离析。一旦系统开放，将从环境吸入新的负熵，从而抵消系统内部由于熵增而造成的无序和混乱。当输入增加到一定程度的时候，将使系统形成新的平衡结构。开放系统与封闭系统截然不同，它是保持与环境之间能量通道不间断的畅通，因此系统内部不断进行各种物质、信息、能量的交换和转换，形成一种较为稳定的秩序和结构。当输入增加到一定程度，原有系统会形成一定的偏离、涨落和干扰。这种状态达到一定的阈值，系统就又恢复到了稳定有序的状态。这是一种新的状态，符合发展的概念，即新结构代替旧结构。这就是所谓的普里戈金的耗散结构。

第一章 社会组织参与地方应急管理的理论基础 ◀◁

人类社会亦是一个具有耗散结构的开放系统，在此系统中，形成了相互作用、相互联结的复杂关系。通常研究者谈到社会系统中的自组织，亦是形容社会系统中的复杂性。例如，"考虑一组工人。然后我们谈到组织，或者更确切地说，如果每个员工都按照既定的外部命令（即老板的命令）以一种明确的方式行事，那么我们就谈到了组织行为。如果没有外部命令，但工人们通过某种相互理解而共同工作，我们称之为自组织的过程"[①]。哈肯认为"如果系统在获得空间的、时间的或功能的结构过程中，没有外界的特定干预，我们便说系统是自组织的。这里的'特定'一词是指，那种结构和功能并非外界强加给系统的，而且外界是以非特定的方式作用于系统的"。哈肯探讨了系统中各子系统的协同效应，将其称为"自组织系统"。[②] 哈肯将自组织系统理论视为一种组织实体，他认为在系统自组织的演化过程中，借助系统内部各个子系统的非线性相互作用，使系统形成一种非线性关系，从而产生一种序参量，而不是决定系统演化的动力学原理。自组织的许多方面可以根据网络特性（如连接性）来理解。有助于自组织的过程包括反馈、封装、自动催化、同步、关键性、连接性和适应性。自组织的研究与复杂性理论、人工生命等新的研究领域紧密相连。

自组织对于人类社会所需要的基本秩序、状态有着规范作用。如果说在秩序的维持和生产方式中，人的需求是相对于平衡的，在分化的过程中也表现出行为之间的差异。因此，在行为者的行为选择上，我们选择进行计算的模型做出的是对于每一种组织和行为者的影响。如前文所述，当公众对某些公共产品和公共服务有强烈需求而政府不能满足之时，抑或政府公共权力在某些必要的领域存在缺失以及政府的职能出现缺位的情况下，社会组织通过自身的自组织功能，能够弥补政府功能的缺失，维系社会的稳定，同时减少社会各种冲突的爆发，使得政府容易控制和

[①] ［德］H. 哈肯：《协同学》，徐锡申等译，中国原子能出版社1984年版，第241页。
[②] ［德］H. 哈肯：《信息与自组织》，本书编译组译，四川教育出版社1988年版，第29页。

稳定社会发展局面。社会组织是国家治理体系的重要补充，在治理方向上是与政府一致的。

二 自组织理论回应了混沌无序的组织问题

自组织理论回应了混沌无序的初态向稳定有序的终态演化的问题，这也是构成研究组织形成的理论基础之一。从自组织理论的角度看，系统具有耗散结构或者新的演化能力，实质上是由无序结构与有序结构相互制约的演化物。哈肯探讨系统与外界环境之间的物质、能量、信息流和熵的交换，认为系统发展经历了质的变化。此后，研究者将非平衡系统理论创造性地运用到研究社会经济系统的自组织演化，如公地悲剧、地震等自然灾害等，在远离平衡态的条件下，通过自动地创造出新的结构和空间，实现创造性物我的生长。

耗散结构中的涨落对组织系统的稳定性具有影响作用。在宏观上，涨落会对有序结构产生影响，形成巨涨落。微观涨落还会在宏观层面形成一定的涨落，又可能使系统出现不稳定状态。从不稳定状态到稳定状态，这种非线性变化的深层原因可能在于，不稳定性产生的是新的稳定状态下的不稳定。在组织发展过程中，由于一些复杂作用机制不能解决内部问题，所以需要组织直接面对外部的多元力量，即通过多元主体的互动与协同，在多种因素的影响下，维持稳定与发展。但是，由于在初始阶段，一些复杂机制不能满足随机涨落的本性，还表现为不能适应组织外部条件的新的多元化形态，这就会产生一种具有反作用力的"反应"力量，通过对资源的重新组织、调控与合理分配，实现组织的再次稳定。因此，"反应"力量的形成，是推动组织不断发展的重要动力因素。组织系统是复杂的"多主体系统"，它同时又是复杂的"反应"力量的集合。组织内不断发生从稳定到不稳定再到新的稳定状态的循环。

自组织过程中有可能会形成去中心化的组织模式。凯利（Kevin Kelly）在《失控》和《新经济新规则》两本书中都讲到过一个经典的案例：

1990年的计算机图形大会上，洛伦·卡朋特邀请了5000名观众参与他开发的电脑飞行模拟器试验。每一个人都可以控制飞机的方向，5000名观众通过喊话来互相沟通。令人惊奇的是，这5000名没有飞行驾驶经验的观众，在没有指挥的前提下居然完美地完成了飞机着陆动作。于是，这个案例被广泛传播，人们津津乐道于这种去中心化的组织模式。比如，大雁南飞时排成了"人"字形、蜜蜂和蚂蚁的自组织，都不是基于中央指令的发出，而是基于应对即时性情势和劳动分工的规则。[①] 人在自组织中不一定有确定的角色定位，角色是随着情境自发生成的，人们有时是单一角色，有时却是集多重角色于一身，并非是一个确定的中心，调动组织很多资源去达成组织目标，在共同价值目标的指引下实现聚、散、协同、合伙，这种自组织状态将产生非常可观的协同效应。

自组织最终实现了组织的自我产生和进化。组织演化的动力来自系统内部，是一种自发演化的力量。组织内部的各个子系统通过竞争与协同，从而使得整个组织获得了创造性的能力。组织通过价值创造和共同的行为选择改变了人们的社会关系及整个社会，创造了人类社会发展所需的巨大的物质财富。与此同时，随着组织内部力量的不断加强，在社会实践中培养了创新型人才。组织从创立到发展都是一个复杂的过程，组织内部存在和发展的条件也是随机的，在组织演化过程中，不断地从环境中获取各种信息和资源，不断提高其创新能力与社会适应能力。社会组织通过利益相关者的互动与协同，最终实现其组织创造性的可持续发展。

三　自组织理论的关键是系统的开放

系统是一种整体，系统集多种功能于一身。构成系统的多种组件共同决定了系统的运行方式以及是否能够达成预定的目标。只有存在个体

[①] 胡泳、郝亚洲：《知识论导言》，机械工业出版社2015年版，第46页。

之间的差异性，才能称之为系统。系统内部存在着知识、信息和能量的差异性，这种差异性要想维持和发展，系统就必须开放，不断地进行"干预"。经济学家奥斯特罗姆提出的"整体性系统"理论则揭示了系统内部各子系统之间的非线性关系，它们之间相互作用是自组织的一个重要方面，即竞争和协同。自组织的核心是系统的开放，无论是系统内部还是系统与系统之间，加强系统内外部平衡状态和非线性机制建设，系统能够在吸引子系统的同时，非线性引导系统主体突破某个时间尺度或范围，剔除障碍，促进系统不断走向新的不稳定和形成新秩序。

系统的重要特性就是开放性，需要组织自身与外界不断进行信息物质能量的交换与转换，以维持其系统的秩序。系统必须保持开放，才能从混沌走向有序，从低级有序走向高级有序。自组织通过保持开放性，形成复杂的相互作用；在看似混乱无序的相互作用中，通过外部环境，不断地吸收物质、能量、信息，随着时间的不断推移，反而变得更有秩序。组织间的合作与竞争，都离不开人员、信息等必要资源的传递，实质上就是在开放环境下进行的。只有开放的系统才能引起系统发生质变，形成新的有序结构。在开放环境中，系统会出现熵增，所以系统发生的有序性是系统自组织的首要条件。系统一旦生成稳定的有序结构，就具有一定的自组织性质。所以，系统从外界引入他组织的因素，不仅能够自发地从外部输入物质、能量和信息，还可以依据其内部的物质、能量与信息，进行自我调节，依照其自身的内在目的和行为逐步调整，进而不断地进化发展。一个系统要具有进化的动力，必须依赖其组织内外部之间的相互作用。"总的来说，是体系内部大量子系统相互竞争和协同，从而产生系统有序结构。一个系统是体系内部子系统相互竞争和协同的产物。"系统要秉持"非平衡"理念，通过与外界的不断交换，系统内非线性相互作用，系统内各要素间不断竞争、协同，使得系统产生序参量，序参量向系统内部输入负熵流以抵消系统内不平衡因素，从而使系统产生自组织作用。只有整体的系统与各要素之间保持开放，自组织才能实

第一章　社会组织参与地方应急管理的理论基础

现，也才能实现系统整体的演化。

四　自组织理论与社会组织参与地方应急管理

突发公共事件及危机作为一种社会内部矛盾运动，是社会发展的必然产物。一般而言，它们对于社会的正常运作会造成严重的威胁。近些年，自然灾害、事故灾难、突发公共卫生事件以及群体性事件不断出现，对于社会的正常发展，人民群众的生命财产安全以及环境保护等造成了损害，已经远远超出了政府常态管理的控制范围。政府必须采取有效的措施加以应对。应急管理则是政府组织相关力量和资源，有效地预防、处理和消弥各种公共危机事件，目的是有效保障人民群众的生命财产安全以及维护社会秩序的稳定，为人类社会高质量发展提供必要保障。随着自组织力量的增强，政府不再是应急管理活动的唯一主体，应急管理主体的多元化趋势日益凸显。为此，对这种发展趋势需要组织理论上的合理解释。

在应急管理中行政化治理模式出现了瓶颈，制约了政府与社会组织在应急管理网络的平衡性。虽然在制度上确立了私营部门提供了私有化公共服务体系，降低了政府治理成本，但政府会基于自身主体地位的考虑，为社会组织选择"被组织"的发展路径。随着改革步伐的加快，市场经济中的不平衡性大量出现，非平衡性的利益格局已难以为继，而随着系统内外因素的非线性相互作用，整体性的矛盾逐渐暴露，逐渐成为社会不可避免的重要问题。化解社会自组织涨落的关键在于其对转型危机的观念，"钻研"各种有利于社会自组织生存和发展的社会条件，促使政府部门重新定位其职能，选择和培育公民社会，构建社会自组织体系。社会自组织系统出现涨落现象，需要多元主体在未来的发展中协同进化。

自组织理论渴望理解组织形式是如何演变的，以及它们如何能够在不同的环境中发挥不同的作用。自组织理论对全面理解应急管理提供了指导。人们对于在社会组织中应用自组织理论，包括复杂系统理论越来越感兴趣，并得到了多学科的支持。应急管理可以被解释为自组织系统。自组织理论对于社会组织参与应急管理主要有三个方面的指导作用：

一是自组织理论基于组织运作规律，阐释了应急管理机制的构成及运行。在应急管理中多元主体的共同作用下，才能完成应急管理任务，形成有序的社会治理运动。通过分析政府与社会组织在应急管理中的基本关系，从而挖掘社会组织的潜能，指导社会组织有效参与，进而达到社会自组织参与应急管理的意义。在应急管理中，社会组织参与功能的开展，离不开作为社会组织的基本单元——公民，离不开社会组织所根植的社会环境，关涉到人—组织—社会之间的关系。

治理是包含各种具有相互关联、相互作用系统的复杂体系。这些系统在何时、何地、何种维度下进行交互作用是极为复杂的。在共同目标指引下，自组织是系统之间成本最小的协同运作方式。政府自身及政府内部存在着多个子系统，这些系统之间的协同，往往需要通过各种通道，将信息、能量、资源进行有效的汇聚和整合，并在此基础上形成明确的信息反馈，确立相关的共识机制。有些问题超越了单一部门的边界，同时跨越数个部门，因而需要跨部门的协商来达成有效的合作。在这一过程中，需要对内外部环境保持良好的调适性，充分发挥市场、政府的优势，规避其相关的劣势，实现政府、市场、社会组织主体之间的有效协同。应急管理是一个复杂的活动，其产生与发展过程与自组织理论有高度的契合，需要采取不同的方式来对突变环境进行反复吸收和消解，并依据其来修正与发展符合应急管理规律的多元主体参与应急管理的机制。多元主体参与的过程会充满各种问题和挑战。应急管理中社会组织发展是一个不断变化、调整适应、完善进步的过程。

二是自组织理论明确了社会组织作为弥补应急管理系统不平衡而存在的重要意义。自组织理论能指导如何规划应急管理干预措施，并评估个人、团体、社会组织或整个国家如何应对不同类型的突发公共事件及危机。当突发公共事件及危机发生以后，会对社会系统秩序造成冲击，

第一章 社会组织参与地方应急管理的理论基础

在这一过程当中通过自组织的自身调整会形成新的有序结构,而有序结构的形成会促进社会更稳定的发展。这是系统形成并持续发展的重要机制。开放的社会环境为社会系统的自组织能力提供着重要的动力。应急管理系统内部各要素之间、系统与外部环境之间,在一定条件下会形成一定的信息、能量和物质的交换,这种交换是社会发展的前提,而这种社会变化则是社会系统自组织演化的重要机制。同时,突发公共事件及危机也会对应急管理系统造成冲击,也会使得应急管理系统出现无序或短暂无序的状态。因此,应急管理系统同样需要相应的社会环境系统作支撑以提升自组织能力,并与之相互作用、相互影响、协同和适应,才能形成新的稳定有序结构。

三是自组织理论能够解释社会组织参与应急管理的动因、目标及行为因素。社会组织的自治性、非营利性,都有益于社会组织维持其自身的开放和有序。自组织网络基于兴趣、社交媒体能够连接所有潜在的资源和用户。社会组织成员虽然是来自不同组织之内的个体,但是亦具有一定的自治性,以利他主义价值为取向,参与应急管理目的同属于社会公益。在应急管理中,当事人对救援的响应数量和处置能力的需求提升到一个新的水平时,仅仅依靠政府"指挥"及其亲力亲为是无法完成的。只有形成多元的应急管理主体系统以及相互协调的自组织,并投入更多的社会资源,进而在突发事件应急管理中弥补政府之不足,使社会失稳结构回归稳定。而影响社会稳定的因素有可能会在群体行动中出现波动。因此,需要政府从宏观、微观等多个层次,利用各类资源、进行信息引导,形成有利于危机应对的良性社会环境,而社会组织的参与,不仅有利于应急管理的效率,同时使得社会多元主体的行动最大限度地减少危机带来的混乱和灾难,使应急管理应对合力更为有效。

总之,在现代社会应急管理系统虽然得到了较快的发展完善,但是在一定程度上仍然显示出政府失灵。解决政府失灵需要回答三个主要问题:物资供给与服务组织、现行制度、社会组织灾害救援能力的关系如何？在"应急失灵"的情况下，承担应急管理任务的重要主体有哪些？如何合理有效地进行应急资源配置？如何使多元主体处于平衡状态？这就需要在提供应急管理公共服务与公共产品的合作机制上发挥出一种功能性的作用。从功能上看，合作机制的特征之一是基于政府主导，多元主体的参与，在此基础上实现多方追求的目标。社会组织与政府在应急管理中的合作存在着障碍，如何规避、克服、减缓参与合作过程中的问题，如何自我完善发展，治理理论、自组织理论具有重要的指导意义，这些理论有助于社会组织与政府在应急管理中的合作深度和广度的拓展，更好地面对复杂的合作情境。

第二章 社会组织参与地方应急管理的基本要素

目前我国社会组织在政治、经济和社会生活中日益发挥重要作用，并迅速发展成为社会管理的重要主体。随着社会化程度越来越高，各类民生事业的社会组织逐步增多，社会组织在文体、农业、渔业、劳动和社区等社会事务中的作用越来越重要。社会组织是政府之外提供公共服务的重要补充，社会组织参与发挥不仅可以促进政府职能的转变，实现社会治理现代化，而且有助于提高公民社会成熟程度、政治法治水平，有利于进一步激发社会的活力。因此，在国家与社会之间建立起良好的互动关系，实现社会组织参与管理意义重大。一方面，国家政治体系建设为社会组织的参与发展提供了有利的条件，并且在一定程度上扩大了公民社会的内在自主发展空间，从而也为社会主义现代化建设提供了有利条件。另一方面，在国家与社会之间建立起良好的互动关系，离不开社会组织的支持与参与。由于我国社会组织起步较晚，因此，为了使社会组织更广泛、更深入地参与到应急管理中，就需要明晰社会组织参与地方应急管理的基本要素，本章从社会组织参与应急管理的主体、内容、功能、优势等方面进行探讨。

第一节 社会组织参与地方应急管理的主体

关于社会组织具体的涵盖范围，一直为学术界和实践界所争议的热点问题。社会组织常见的称谓包括：非政府组织、非营利组织、免税组织、第三部门、第三域、独立部门、慈善组织、志愿者组织、公民社会组织、民间组织，等等。如前文所述，中国官方也尚未有十分明确的定义。根据《社会团体登记管理条例》《民办非企业单位登记管理暂行条例》《基金会管理条例》等规定，社会组织主要包括社会团体、社会服务机构（别名：民办非企业单位）和基金会三种。改革开放以后，国家建立了政治体制改革，对于社会组织发展予以松绑，由于中国政治体制改革，政策放宽，社会组织的发展进入了快车道。

1998年10月国务院颁布了《民办非企业单位登记管理暂行条例》，按其规定社会团体、民办非企业单位、基金会被视为社会组织的三大主体。20世纪末中国社会组织发展迅速。此外，尚未在民政局注册的社会组织数量惊人。2017年，《中华人民共和国民法总则》第八十七条规定："为公益目的或者其他非营利目的成立，不向出资人、设立人或者会员分配所取得利润的法人，为非营利法人。非营利法人包括事业单位、社会团体、基金会、社会服务机构等。"将社会团体、基金会、社会服务机构等纳入非营利法人类别，进一步从法律层面上保障社会组织的社会治理主体身份。社会组织在发展的过程当中，已经具备能力来承接政府转移的部分职能，在服务社会的过程当中，不断释放着自身独特的作用。党的十八大报告指出，建设中国特色社会主义，全面推进经济建设、政治建设、文化建设、社会建设、生态文明建设的"五位一体"的总体布局，实现以人为本、全面协调可持续的科学发展。社会组织在国家"五位一体"的总体布局当中，已成为国家治理体系的重要组成部分，将在国家治理过程当中发挥重要的作用。社会组织已经成为社会建设、应急管理不可或缺的重要主体。下文就社会团体、基金会和社会服务机构三种社会组织形式分别介绍。

第二章　社会组织参与地方应急管理的基本要素

一　社会团体

2016 年颁布的《社会团体登记管理条例》规定，社会团体是指"由中国公民自愿组成，为实现会员共同意愿，按照其章程开展活动的非营利性社会组织"。改革开放以来，社会团体的数量和规模逐步扩大，广泛分布在社会政治、经济、文化等领域。《社会团体登记管理条例》同时规定，成立社会团体，应当经其业务主管单位审查同意，并依照该条例的规定进行登记。社会团体应当具备法人条件，其中下列团体不属于该条例规定登记的范围[①]：参加中国人民政治协商会议的人民团体；由国务院机构编制管理机关核定，并经国务院批准免于登记的团体；机关、团体、企业事业单位内部经本单位批准成立、在本单位内部活动的团体。第七条规定：全国性的社会团体，由国务院的登记管理机关负责登记管理；地方性的社会团体，由所在地人民政府的登记管理机关负责登记管理；跨行政区域的社会团体，由所跨行政区域的共同上一级人民政府的登记管理机关负责登记管理。第八条规定：登记管理机关、业务主管单位与其管辖的社会团体的住所不在一地的，可以委托社会团体住所地的登记管理机关、业务主管单位负责委托范围内的监督管理工作。

社会团体种类繁多，按照民政部的实际工作开展，可以将其划分为以下四类：一是学术性团体，是指从事自然科学、社会科学以及交叉科学研究的团体。如，中国教育学会、中国青少年研究会；二是行业性团体，是指由同行业的企业组织组成的团体。如，中国证券业协会；三是专业性团体，是指由专业人员组成或依靠专业技术、专门资金从事某项事业而成立的社会团体。如，中国应急管理学会、中国半导体行业协会、北京市应急科技发展促进会；四是联合性团体，是指人群的联合体或团体的联合体。如，复旦大学校友会、深圳市应急管理联合会、中华全国台湾

[①] 国务院办公厅：《社会团体登记管理条例（修订版）》，2016 年 1 月 13 日国务院第 119 次常务会议通过。

同胞联谊会。这四类社会团体的含义、功能及设立标准如表2—1所示。

表2—1　　　　　　　　　　社会团体的分类

	含义	功能	标准
学术性社团	专家、学者和科研工作者自愿加入，为促进哲学、社会科学和自然科学的繁荣和发展，促进科学的普及，促进人才的成长和进步，促进科学与经济社会发展相结合，维护自身合法权益而开展工作的社团组织。	推动学科发展，促进原始性创新和科技成果的转化，造就专门人才和技术创新人才，开展咨询服务，推进科技产业和社会进步。	参照《中华人民共和国学科分类与代码国家标准》二级学科设置。对符合学科标准的，一般以学会命名；对未达到学科标准的，则以研究会命名。
行业性社团	法人组织自愿加入，为密切会员单位与政府的联系，加强行业自律，推动行业和会员单位的健康发展，配合政府部门规范市场行为而开展工作的社团组织。	为会员单位提供服务、反映需求，维护会员单位的合法权益；制定行业标准，进行行业统计，开展行业培训，加强行业协调，促进行业自律；承接政府转移的职能，协助政府部门加强行业管理。	参照《国民经济行业分类和代码》中类标准设置，其分支（代表）机构的设立原则上按小类设立。同一行业在本市原则上只能设立一个行业协会。一般以行业协会、同业公会命名。
专业性社团	单位会员和个人会员自愿加入，围绕相关领域的专业知识，开展活动，发挥专业人员、专业组织的专长为经济、社会服务的社团组织。	为单位会员提供专业化的服务，提高个人会员在科学技术、教育、文化、艺术、卫生、体育等方面的能力和技巧。	参照《国民经济行业分类和代码》小类、《国家职业资格标准目录》中规定的职业分类标准设立，其分支（代表）机构的设立原则上按《国民经济行业分类》小类以下标准设立。一般以协会命名。对一些具有产业、产品和市场优势的经济类专业性社团，确有必要设立或更名为行业性社团的，经市社会团体管理局及有关部门充分论证后设立或更名。
联合性社团	相同或不同领域的法人组织或个人为了横向交流而自愿组成的联合体。	对内联合法人组织或个人，研究产业政策、协调行业关系，促进相关产业、行业或个人的交流和合作；对外代表他们与其他会员组织进行协商，以维护其利益和实现其诉求。	联合性社团分为联合类社团和联谊类社团两种。联合类社团根据相同或不同领域法人组织的需求设置，原则上参照《国民经济行业分类和代码》门类标准设置，一般以联合会、促进会、商会命名；联谊类社团根据相同人群的需求设置，这类社团原则上应从严掌握。一般以联谊会命名。

资料来源：根据《社会团体评估资料：社会团体如何分类》，2006年11月，http://www.fy.gov.cn/openness/detail/content/5836a2647f8b9ac3429fe80a.html 资料整理而得。

二 基金会

2004年2月11日国务院第39次常务会议通过《基金会管理条例》，自2004年6月1日起施行。第二条中指出"本条例所称基金会，是指利用自然人、法人或者其他组织捐赠的财产，以从事公益事业为目的，按照本条例的规定成立的非营利性法人"。基金会的活动领域包括以下三类：慈善，除慈善以外的其他公益领域（如教育、科学、文化、艺术）和社会创新。具体包括安全、救灾、教育、老年人、见义勇为、扶贫助困、文化、医疗救助及科学研究等领域。

对于基金会有不同的分类标准：按照资金捐赠者的来源，国外一般将其划分为私人基金会和公共基金会。私人基金会是专为慈善目的而设立的独立法律实体，资金通常来自个人、家庭或企业的捐款。公共基金会依靠公共资金来支持其活动。

2004年6月1日起施行的《基金会管理条例》第三条规定：基金会分为面向公众募捐的基金会（以下简称公募基金会）和不得面向公众募捐的基金会（以下简称非公募基金会）。公募基金会按照募捐的地域范围，分为全国性公募基金会和地方性公募基金会。公募基金会主要依靠从社会募集的资金从事公益项目，全国性公募基金会的原始基金不低于800万元人民币，地方性公募基金会的原始基金不低于400万元人民币。

我国的基金会包括具有政府、教会、学校等背景的各类基金会及私人基金会。中国较为知名的大型基金会包括中国红十字基金会、中国宋庆龄基金会、爱德基金会、中国扶贫基金会、中国青少年发展基金会、中华环境保护基金会、中国教育发展基金会，等等。基于历史原因，进入21世纪后，我国私人基金会才开始起步发展，其整体实力相对弱小，较为知名的有"壹基金"、腾讯基金会、和的慈善基金会等。目前，中国基金会整体的实力还不够均衡，大型基金会财力较为雄厚，所开展的各项公益项目较为顺利；而小型基金会情况则较为复杂，绝大多数资金较为匮乏，在开展公益活动时较容易受到制约。

三　社会服务机构

社会服务机构（别名：民办非企业单位）是指"企业事业单位、社会团体和其他社会力量以及公民个人利用非国有资产举办的，从事非营利性社会服务活动的社会组织"。社会服务机构人员从构成上看以专职人员为主。比如，常见的私营医院、私营学校、演艺团体、民间研究机构、体育馆、图书馆、美术馆、宗教组织、其他福利机构等。

民政部在《社会服务机构登记管理条例》（《民办非企业单位登记管理暂行条例》修订草案征求意见稿）中将民办非企业单位更名为社会服务机构，规定直接登记的社会服务机构，由所在地县级以上地方人民政府的登记管理机关负责登记管理。2016年，《中华人民共和国慈善法》规定，慈善组织可以采取基金会、社会团体、社会服务机构等组织形式。之所以将民办非企业单位的称谓转换为社会服务机构，是因为"民办非企业单位"的概念存在明显问题：一是外延不清，从字面理解可以涵盖基金会、社会团体等其他组织；二是内涵不明，不能准确反映这类组织提供社会服务、从事公益事业的属性，慈善法首次将"民办非企业单位"的名称统一称为"社会服务机构"[①]。

我国社会服务机构的类型主要包括如下四类：一是政府提供公共服务的职能部门，如民政部、公安部、司法部等；二是群众社团，如共青团、妇联、工会、老龄工作委员会、残联、红十字会等，除红十字会外，其他五个组织都是以各类人群为服务对象；三是社会公益类事业单位，分为行政支持类、社会公益类、经营开发服务类三种；四是社会服务类民间组织，分为由政府支持的民间组织、纯民间组织、契约型社会工作

---

① 《为什么民法典用"社会服务机构"，而不再用"民办非企业单位"的概念?》，人民政协网，2020年，http：//www.rmzxb.com.cn/c/2020-08-07/2639342.shtml。

服务组织三种①。为了便于对于社会组织参与应急管理的探讨，本书未将政府及其职能部门、社会公益类事业单位纳入社会组织的分析范畴。

我国社会服务机构较为集中和活跃于教育、卫生、文化、科技、体育、劳动、民政、社会中介服务、法律这九个主要领域，如表2—2所示。

表2—2　　　　　　　　社会服务机构活动领域

序号	主要领域	具体范围
1	教育事业	民办幼儿园，民办小学、中学、学校、学院、大学，民办专修（进修）学院或学校，民办培训（补习）学校或中心等。
2	卫生事业	民办门诊部（所）、医院、民办康复、保健、卫生、疗养院（所）等。
3	文化事业	民办艺术表演团体、文化馆（活动中心）、图书馆（室）、博物馆（院）、美术馆、画院、名人纪念馆、收藏馆、艺术研究院（所）等。
4	科技事业	民办科学研究院（所、中心），民办科技传播或普及中心、科技服务中心、技术评估所（中心）等。
5	体育事业	民办体育俱乐部，民办体育场、馆、院、社、学校等。
6	劳动事业	民办职业培训学校或中心，民办职业介绍所等。
7	民政事业	民办福利院、敬老院、托老所、老年公寓，民办婚姻介绍所，民办社区服务中心（站）等。
8	社会中介服务业	民办评估咨询服务中心（所），民办信息咨询调查中心（所），民办人才交流中心等。
9	法律服务业	律师事务所、公证处、司法鉴定所和基层法律服务所，征信公司等。

资料来源：根据民政部《民办非企业单位包括哪些行（事）业？》2020年4月资料整理而得。

---

① 福建省民政厅编：《民政基础知识手册简明读本》，中国社会出版社2012年版，第88-96页。

四　网络社群

网络社会群体（cyber group，下文简称网络社群）是指人们通过互联网互动而形成的、由一定的社会关系联结起来进行共同活动的集合体[①]。基于参与应急管理的实际效力，本书认为社会组织还应包含网络社群。网络社群是扎根于网络空间的独特的社会组织形式。网络社群只是存在于网络空间，它并不像线下社会组织那样存在着明确的物理组织结构及人员，但是基于网络空间它所构筑的人与人之间的关系是显而易见的，同时，它能够将虚拟世界当中的功能，延伸到物质世界当中，尤其是可以打通物理世界和虚拟世界之间不同组织及人员之间的联系，并发挥着实质性的功能。

网络社群在中国，从最早的 BBS、QQ 群到现今的 SNS、微博和微信，在社会中的影响和作用一步步扩大。移动通信设备和通信软件的广泛使用，表明互联网在构筑社会组织线下联结的过程当中，起到了重要作用。通过一些社交 APP，尤其是移动互联网上的即时通信软件，可以克服人们在线下沟通时遇到的许多障碍，即时性地将信息随时传递给相关的人员。通过信息的传递，使得更多的人员联系更加紧密，同时，由于传递成本的低廉，使得人们参加各种相关活动的积极性得以提高，因此也有利于相关的理念、观点在网络空间广泛地传播。这方面的一个证明是网络兴趣社群的不断发展。兴趣社交成为社交领域的大趋势。2015 年 8 月 6 日，在首届"中国互联网移动社群大会"上，腾讯 QQ 联合企鹅智酷发布的《中国移动社群生态报告》指出，在网络社群中，同事朋友类关系群占比超三成，而兴趣群占比高达 66.4%。这表明基于兴趣在互联网中进行交往，已经成为整个网络社交平台当中的重中之重，代表了社交网络发展的一个重要方向。互联网的这些兴趣社交网络，已经突破了虚拟

---

① 张文宏：《网络社群的组织特征及其社会影响》，《江苏行政学院学报》2011 年第 4 期。

的网络，延伸到了线下的实体之中，构成了"线上+线下"的链接。同时它也能够建立线下的实体连接。此类垂直社群为人们创造了讨论敏感问题和被忽视话题的机会。可以认为，网络社交的透明度正是吸引成员来此进行交往的重要的基础，也是提升网络成员彼此信任的重要来源，通过不间断的交往，可以提升社会网络的信任度和认同感。许多微信群都致力于建立自己的群规，有的还有由社群活动积极分子组成的群议会，以保证社群沟通的有序性，厘清社群的内外边界。在群体内交往产生的各种纠纷及其解决之中，网络社群得以形成自治能力。

在网络空间，人们所参与的各种数字社群，早已超出了地理范围的局限、性别的局限、年龄的局限、身份阶层的局限，数字身份可以让人们跨越以往传统社交媒体中不可跨越的种种鸿沟。数字社群在参与特定话题，维系特定爱好，组织特定活动等方面，在一定程度上都超脱了传统意义上的线下组织。网络社群在沟通交流的功能上已经与线下社群同等重要。同时网络社群的活跃程度和即时性优势是线下组织所不具备的。从发展趋势来看，网络社群对增进人们沟通、理解和达成共同的目标上，具有非常重要的功能。

总而言之，网络社群的存在和繁荣有其合理性。从功能上看，网络社群是对于物理世界的组织的有益补充，在发挥沟通、形塑、协调行动等方面具有特定的优势。网络社群活跃也有助于线上组织和线下组织的进一步融合。

这四大类社会组织数量庞大、种类庞杂，渗透到了社会的方方面面。这些社会组织利用自身优势，充分发挥自身的民间性、公益性和专业性，在政府和市场之外的社会公共服务中迅速成长，为社会提供各种专业的公共产品。网络社群在参与应急管理过程中，也逐渐凸显其重要性。

第二节　社会组织参与地方应急管理的内容

应急管理中，社会组织的参与水平越高，越有助于应急管理系统整体功能的发挥，同时提升社会组织自身的建设水平。社会组织在参与过程中，根据应急管理的需求，有效地调动相应资源，提供有针对性的社会服务。社会组织在应急管理中的参与主要包括物质参与、智力参与和技术参与。

一　物质参与

社会组织在应急管理中可以提供一些重要的资源，包括通信、运输、后勤和资金等。社会组织在应急管理中对于物资提供、资金募集等方面都发挥了重要作用，成为政府不可缺少的合作伙伴。基本的应急物资如表2—3所示。在应急管理过程中，地方政府不断完善参与的环境，推动社会组织以多种方式有效参与发挥作用。如，在火山爆发、洪水、突发公共卫生事件中，社会组织可以提供一些机械设备、应救援车辆、建筑设备、急需药品采购、垃圾处理，等等。

表2—3　　　　　　　　应急管理中的基本物资

序号	类别	相关物资
1	防护用品	卫生防疫：防护服（衣、帽、鞋、手套、眼镜），测温计（仪）； 化学放射污染：防毒面具； 消防：防火服，头盔，手套，面具，消防靴； 海难：潜水服（衣）、水下呼吸器； 爆炸：防爆服； 防暴：盾牌、盔甲； 通用：安全帽（头盔）、安全鞋、水靴，呼吸面具。

续表

序号	类别	相关物资
2	生命救助	外伤：止血绷带，骨折固定托架（板）； 海难：救捞船，救生圈，救生衣，救生艇（筏），救生缆索，减压舱； 高空坠落：保护气垫，防护网，充气滑梯，云梯； 掩埋：红外探测器，生物传感器； 通用：担架（车），保温毯，氧气机（瓶、袋），直升机救生吊具（索具、网），生命探测仪。
3	生命支持	窒息：便携呼吸机； 呼吸中毒：高压氧舱； 食物中毒：洗胃设备； 通用：输液设备，输氧设备，急救药品，防疫药品。
4	救援运载	防疫：隔离救护车，隔离担架； 海难：医疗救生船（艇）； 空投：降落伞，缓冲底盘； 通用：救护车，救生飞机（直升、水上、雪地、短距起降、土地草地跑道起降）。
5	临时食宿	饮食：炊事车（轮式、轨式），炊具，餐具； 饮用水：供水车，水箱，瓶装水，过滤净化机（器），海水淡化机； 食品：压缩食品，罐头，真空包装食品； 住宿：帐篷（普通、保温），宿营车（轮式、轨式），移动房屋（组装、集装箱式、轨道式、轮式），棉衣，棉被； 卫生：简易厕所（移动、固定），简易淋浴设备（车）。
6	污染清理	防疫：消毒车（船、飞机），喷雾器，垃圾焚烧炉； 垃圾清理：垃圾箱（车、船），垃圾袋； 核辐射：消毒车； 通用：杀菌灯，消毒杀菌药品，凝油剂，吸油毡，隔油浮漂。
7	动力燃料	发电：发电车（轮式、轨式），燃油发电机组； 配电：防爆防水电缆，配电箱（开关），电线杆； 气源：移动式空气压缩机，乙炔发生器，工业氧气瓶； 燃料：煤油、柴油、汽油、液化气； 通用：干电池、蓄电池（配充电设备）。

续表

序号	类别	相关物资
8	工程设备	岩土：推土机，挖掘机，铲运机，压路机，破碎机，打桩机，工程钻机，凿岩机，平整机，翻土机； 水工：抽水机，潜水泵，深水泵，吹雪机，铲雪机； 通风：通风机，强力风扇，鼓风机； 起重：吊车（轮式、轨式），叉车； 机械：电焊机，切割机； 气象：灭雹高射炮，气象雷达； 牵引：牵引车（轮式、轨式），拖船，拖车，拖拉机； 消防：消防车（普通、高空），消防船，灭火飞机。
9	器材工具	起重：葫芦，索具，浮桶，绞盘，撬棍，滚杠，千斤顶； 破碎紧固：手锤，钢钎，电钻，电锯，油锯，断线钳，张紧器，液压剪； 消防：灭火器、灭火弹、风力灭火机； 声光报警：警报器（电动、手动），照明弹，信号弹，烟幕弹，警报灯，发光（反光）标记； 观察：防水望远镜，工业内窥镜，潜水镜； 通用：普通五金工具，绳索。
10	照明设备	工作照明：手电，矿灯，风灯，潜水灯； 场地照明：探照灯，应急灯，防水灯。
11	通讯广播	无线通信：海事卫星电话，电台（移动、便携、车载），移动电话，对讲机； 广播：有线广播器材，广播车，扩音器（喇叭），电视转发台（车）。
12	交通运输	桥梁：舟桥、吊桥、钢梁桥、吊索桥； 陆地：越野车，沙漠车，摩托雪橇； 水上：气垫船，沼泽水橇，汽车轮渡，登陆艇； 空中：货运、空投飞机或直升机，临时跑道。
13	工程材料	防水防雨抢修：帆布，苫布，防水卷材，快凝快硬水泥； 临时建筑构筑物：型钢，薄钢板，厚钢板，钢丝，钢丝绳（钢绞线）桩（钢管桩、钢板桩、混凝土桩、木桩），上下水管道，混凝土建筑构件，纸面石膏板，纤维水泥板，硅酸钙板，水泥，砂石料； 防洪：麻袋（编织袋），防渗布料涂料，土工布，铁丝网，铁丝，钉子，铁锹，排水管件，抽水机组。

资料来源：根据民政部 2010 年《应急物资分类及产品目录》整理而得。

2008 年的"5·12"汶川地震，凸显了社会组织在物资资助方面的重

第二章 社会组织参与地方应急管理的基本要素

要性。地震发生后，中国红十字会迅速行动，牵头联合了中国扶贫基金会、中华慈善基金会等多家慈善机构和基金会共同发起的向灾区捐资捐物的献爱心活动。在北京发出《中国民间组织抗震救灾蓝皮书》，为灾区群众募捐物资提供渠道。此外，《中国青年报》也做好政府与群众的桥梁和纽带，中国青年基金会、中国青少年发展基金会等民间团体积极组织动员，建立民间社会组织捐助平台，收集公众捐助灾区的各项物资，协助将救灾物资送到灾区，对于灾区群众及困难群众给予物质帮助。在2008年南方雪灾中，广大社会组织号召公众捐款捐物，在这一系列的援助过程中，民间公益组织、社会中介机构、个人等在运送物资、救助过程中发挥了积极作用，也使得灾区群众能够迅速恢复生产生活秩序，提升了政府救灾效率，其行动更得到了社会认可，为救灾行动提供有力的支持。

二 智力参与

首先，社会组织在参与应急管理中，能够提升政府与社会公众间的信任度。信任是一个健康、运转良好的社会必不可少的支柱，它能促进经济增长、资源利用和社会和谐建设。舆论在公共事务管理中越来越重要。随着信息技术的提升，各种信息平台层出不穷，借助社交媒体，人们可以表达他们对社会诸事务的看法，政府对公共舆论的把握变得越来越困难，此外，它促进思想和意见的交流，建立政府和公民之间的信任。

社会组织利用非营利性、专业性和中立性的身份以及志愿精神，去组织和开展社会活动，充分利用自身力量进行减灾、防灾、救灾宣传。尽管在我国经过多年的发展已基本建立了防灾、减灾、救灾的"一案三制"为基础的应急管理体系，登记备案的社会组织越来越多，但公众、社会组织的重视程度和参与依旧不够充足。为此，需要首先提升公众的应急意识。公众往往完全从自身出发来认识应急管理，基于自己的判断而展开行动，这种认识和判断必须以客观知识为前提，准确地对自身与应急管理之间的关系做出判断。社会组织作为连接政府和公众的重要桥梁，通过各种途径广泛宣传应急管理的路线、方针、政策，传播应急管理重要性和保护人民生命财产基本安全的应急管理自救互救知识，通过相互学习、交流经验，增强公众的应急意识，强化对于危机的正确认识，消除公众应对危机的错误认知，特别是危机应对过程中的"伪科学"及迷信活动，树立应对危机及善后阶段的心理调适。具备应对危机的技巧与方法，为公众提供科学的、符合危机心理特质的决策建议。常见的宣传方式包括：在基层社区、街道开展防灾减灾法律法规和应急知识街头宣传活动，开展公共安全知识、应急常识讲座，设置相关宣传栏；开设公益网站，利用微博、微信等媒体，采取专题专栏、系列报道、重大案例等形式，组织开展应急宣传；在重要地点，如广场、服务站等群众聚集地点悬挂宣传条幅，张贴宣传应急管理海报；设置流动应急服务咨询站点，派发应急宣传手册、宣传单，并提供现场讲解。

其次，社会组织通过开展应急教育和培训，提高公众应急素质。应急教育与素养是社会组织智力参与的重要体现。如红十字会等较大规模的社会组织可以开展独立的培训和教育活动，提供关于紧急情况下的培训。社会组织可以通过提前编写应急教育/培训材料，向特定区域、特定受众分发，来促进应急准备和应急培训。火灾扑救、地震救援、防汛抗旱救援等为常见内容。目的是让公众全面了解危机的真相，教育人们如何应对健康恐慌，掌握危机规避的基本知识和技能，特别是能够及时发现险情。在过去40多年中，社会组织应急宣传教育队伍建设取得了明显的进展，但还面临着规模小、专业化不够、规范程度不足等问题。主要依托社团组织、工矿企业和单位、社区志愿者的社会化救援力量开展专业培训。对于较为常见的应急自救与他救知识，尤其是消防、急救救援，危化品处置等相关知识进行讲解。例如，广东的城市义工协会、蓝天救援队、晨曦爱心服务队等开展了相关的培训工作。此外，红十字会也组织开展的各级各类队员应急救护知识复训以及新队员培训，提高社会组织成员参与应急管理的积极性和专业技术。通过全面的、专业的项目培训，让公众、社会应急队伍逐渐认识到自己是危机管理的主体之一，使相关组织人员形成一种积极乐观的应急思维。

最后，社会组织可以依托自身技术领域，向政府提出咨询建议。不同的社会组织有不同的领域所属，同时基于社区的社会组织可以在应急管理过程中深入基层发挥自身优势，为各级地方应急管理部门、减灾委员会等部门提供应急管理咨询建议。社会组织能够意识到在危机事件中自己所要承担的责任与义务，并能主动参与到应急管理全过程当中献计献策，如根据所在辖区自身特点，建立旨在促进和维系社区安全的治安咨询委员会提供社区治安咨询服务；一些基层社会组织，既是基层社区的利益相关者，同时也是所在辖区的社情民意反馈者，其能够提供社情民意咨询；一些关注特定议题的社会组织，发挥自身专业优势开展矛盾调解、纠纷调处等法律咨询和维权咨询工作；一些社会组织具有中介性质和孵化器的性质，能够为涉及一些关涉地域安全的备案登记、组织建设和发展规划提供咨询服务。在应急管理体系建设过程中，政府往往通过基层公共事务的治理以及利用听证会，征求社会组织的意见。同时社会组织还搭建了与社区群众的沟通渠道，收集社区社情民意、居民群众的各种投诉，困难群众的实际需求及时反馈给相关部门。在应急管理科研立项、政策制定中，社会组织也为其提供智力支持和决策建议，来自高校、技术研究机构、政策研究机构、社会中介组织等各方面的专家学者可以为应急决策提供科学依据。政府及其应急管理机构以自上而下的方式吸收社会组织参与诸如应急预案编制以及风险评估、人力物力资源协调，及时收集与汇总应急管理相关的各种信息，与社会组织进行相关信息共享。社会组织在提升社会公信力的基础上，进一步鼓励了公众、救援队伍等提出专业的对策建议，完善了决策信息和智力支持系统。

三　技术参与

所谓技术，就是在智力活动的指导下，能够进行专业性的身体行为活动，使智力活动和身体行为活动一致协调。应急管理当中的技术就是对于应急管理的全过程工作体现出"好用"的角度。一些社会组织的专业性在其参与应急管理公共服务过程中得以展现，技术参与也是社会组织参与的重大价值体现。在应急管理中，社会组织的技术参与表现为以下三个方面：

一是参与信息发布。信息发布是社会组织参与应急管理的重中之重。微博、微信等不仅是人们自我表达、社会交际的工具，还日益发展成社会组织参与信息发布的平台。应急管理中的社会组织凭借现代化的信息平台，充分发挥信息科技自媒体的作用，参与信息发布。社会组织通过定期发布与临时发布、主动发布与委托发布相结合的方式，将各类突发公共事件信息通过网络的形式汇聚、传递、发布和更新。如上海市民政局、社团局出台《上海市社会组织信息公开办法（试行）》，自 2016 年 7 月 1 日起试行，全面加强社会组织信息公开工作，依托"上海社会组织"网，建立统一的社会组织信息公开平台，于 7 月 11 日开通试运行，免费为全市社会组织提供信息发布服务。[1] 为政府和社会大众了解突发公共事件及危机现状，动员更多的人关注、控制和治理危机提供了必要的信息。危机事件发生后，与公众对相关信息的及时沟通非常重要，常常由于社会各方对危机事件知之甚少，而此时的信息尚未出现官方切实准确的判断，造成了政府部门的回应压力。在危机发生之时，同样会出现谣言肆意传播的现象，不能及时地辟谣，就会引发人们的质疑、猜忌，最终演化成恐慌情绪，从而造成社会秩序的不稳定。2011 年 3 月，日本福岛核电站发生了核泄漏事故。由于距离我国较远，因此专家认为其核泄漏对我国环境并没有产生影响，但是在网络中出现这样一种虚假消息：日本的核电站泄漏会漂移至我国，会引发核辐射，而在食盐当中含有碘元素，可以有效地防治核辐射。这一谣言在我国网络上迅速传播，并造

---

[1] 上海市地方志办公室：《社会组织管理》，2018 年，http：//www.shtong.gov.cn/dfz_web/DFZ/Info? idnode=251716&tableName=userobject1a&id=411919。

第二章　社会组织参与地方应急管理的基本要素

成大量公众抢购食盐。一时间，多地食盐断货，给人民群众的生产生活造成了严重的影响。因此，更加动态、迅速、准确地发布相关信息，能够最快速制止谣言的传播，避免形成恐慌心理，从而消除破坏社会正常秩序的风险因素。在应急管理的全过程，需要加强保护社会组织参与的信息平台建设，以促进与社会组织的有序互动，协助政府与多元主体的良性合作。

二是参与应急管理预警。以往政府在应急管理预警过程当中，能够通过各种专业的传感器，诸如摄像头、报警电话等予以及时的预警，但是由于现代社会的复杂性，加之政府自身的局限，如政府部门数量庞大、层级繁多，信息报送存在多链条，多部门指导，加之具有综合性功能的应急专业团队较少。"预警发布部门和各个预警响应部门之间，在警报接收、信息研判、行政审批、授权发布等工作中常存在各自为政、协作不足、效率低下的现象，大大影响预警效果"。[1] 社会个体之间的相互作用和联系对于社会中有效的信息传播至关重要，每个人实则都是信息预警系统的重要组成部分。而一些社会团体可以充当预警传感器，参与者拥有通过合作，特别是通过信息交换而激活应急知识储备，在应对险情等方面发挥重要作用。如果社会组织及时发出预警信息，对可能造成社会重大影响的事件尽早采取行动，那么将极大减少突发公共事件及危机造成的损失。社会组织与政府进行合作，充分发挥大数据、人工智能、物联网、区块链、5G网络等新一代信息技术优势，构建各种现代化的应急信息综合管理分析平台，充分提高信息技术及信息设备的使用程度，提升信息化服务的效率。社会组织及成员本身就是传感器，能够向应急管理部门搜集和反馈信息，对潜在风险即进行监控和预测，能够在基层末端第一时间了解危机爆发，能够亲历危机的发展过程，以便政府清晰把握危机发展的现状，做出科学的决策，并迅速由专业队伍进

---

[1] 汪国华：《突发公共卫生事件预警的法理分析》，《法学评论》2020年第2期。

行判断处置。

三是提供技术救援。近几十年来，人们越来越意识到，社会组织往往在应急救援工作中能够发挥重要作用。社会组织还可以通过自身优势，参与应急管理救援，广泛开展专业化的社会服务，成立各种技术救援协会，组成相关领域的救援队伍，弥补政府的反应迟缓和行动的盲区。如2015年11月13日，巴黎发生恐怖袭击后，巴黎应急管理部门部署了无人机、地理定位服务，并在社交媒体上发动公众提供信息支持。当自然灾害/灾难来临时，一些社会力量往往迅速做出反应，第一时间到达现场对救援情况进行评估，为政府提供合理的救援建议。如上海音速青年志愿服务中心（以下简称"音速"）是由上海市市民政局、市应急管理局等指导，共青团静安区委领导下的综合减灾机构，是由一大批充满社会责任感和服务意识的青年人组成的社会服务机构，常态化救援注册人员达400余人；音速致力于组织大型的综合安全生产、减灾防灾宣传，消防、民防、反恐等综合演练、安全体验营等活动；与各部门合作，对校园、综合体、社区、单位开展安全评价和风险评估；并与新媒体合作拍摄寓教于乐的教学视频，以贴近实战、互动性强的方式，把安全常识、避险知识、应急技能传授给社会大众，构筑城市安全屏障。因此，音速荣获公安部颁发的"热心消防公益事业先进集体""首届全国119消防奖先进集体"，还获得上海市消防局"上海市首届119消防奖先进集体"[①]。再如，2015年11月13日，浙江省丽水市里东村发生了山体滑坡灾害，滑坡体规模达30余万立方米，27户房屋被埋。公羊队丽水分队、蓝天救援队丽水分队、丽水市户外应急救援队等民间组织在其他救援力量到达之前，就已经迅速展开救援行动。据不完全统计，此次救援共有蓝天救援队、义乌市民间紧急救援协会、丽水市户外应急救援队、浙江民安救援队、省红十字救援队、浙江公羊会等26支专业民间救援队伍，共730

---

① 上海音速青年志愿服务中心：《中心介绍》，2022年，http://www.ngof.org.cn/shop/index.asp?TopId=354。

余人次参与救援,在整个救援工作中发挥了极为重要的作用。① 据 2019 年应急管理部统计,全国大概有 1700 多个注册的救援队类型的社会应急力量,这些社会应急力量相当一部分是具备水灾救援能力的,尤其是东南沿海省份的一些队伍②。中国较为知名的社会组织救援队伍如表 2—4 所示。汶川地震、雅安地震发生后,社会组织参与救援得到了极大的历练,其救援技术与政府协作能力均得到了显著提高。社会组织在专业技术上的优势也是社会组织在专业人才优势的集中体现。社会组织的专业性介入,在化解危机中具有独特的优势。

表 2—4　　　　　　　　中国较知名民间救援队伍

序号	救援队伍名称	简介
1	蓝天救援队	救援队自 2007 年成立以来,山野救援、城市救援、水域救援、自然灾害救援、安全生产事故救援、意外事故救援,无论是台风、地震、洪水等自然灾害,还是火灾等事故,都在蓝天救援队的救援范围。
2	中国红箭救援队	中国红箭救援队是国家民政部门依法批准成立的从事全国性紧急救援服务的专业救援机构。该队在全国多个省市地区设有分队。总队(总部)位于首都北京。红箭救援队是经政府民政机关批准成立的应急救援专业领域社会组织;是应急救援专业技能培训考评工作专业机构;是抢险救灾、紧急救援、社会救助专业工作队。
3	北极星救援队	北极星救援队是福建厦门的一支民间自发组织的山地救援队,已成为厦门红十字会与厦门团市委下属山地救援队,厦门 110 联动救援队,壹基金救援联盟成员。2009 年 5 月 12 日北极星救援队成立于福建省厦门市,目前一线队员 50 人,考核队员 91 人,应急队员若干人。

---

① 蒋汝忠:《风雨无阻的 130 个小时——浙江省丽水市里东村"11·13"山体滑坡灾害救援纪实》,《中国应急管理》2015 年第 11 期。
② 佚名:《面对洪灾,社会力量做了什么,有哪些挑战?》,《南都观察》,2020 年 8 月 14 日,https://nanduguancha.cn/Home/news/detail?cate_id=1&id=4655。

续表

序号	救援队伍名称	简介
4	公羊队	公羊队创建于 2008 年 5 月，全称：浙江省公羊会公益救援促进会，是公羊会下属的一支专业执行应急救援任务的志愿者队伍。公羊队专门开展户外山林山难应急救援、突发性城市应急救援、国家次生灾害抗险救援，以及城市走失失智老人搜寻救助等公益救援行动。
5	绿野救援队	绿野救援队作为中国最早开展户外公益救援活动的民间组织之一，始建于 2003 年年底，由一批热心公益事业的绿野网友自发组建。绿野救援队是由户外运动爱好者自发组织的公益性团队，其目标是在出现求救信息时，能够及时派出相应人员前往救助，并且通过宣传户外救护知识，能够减少户外危险的发生。
6	蓝豹救援队	中国蓝豹救援队成立于 2013 年 10 月 25 日，是国内首个由全国性公募基金会直接设立的、由专业志愿者参与的民间救援救灾力量。中国蓝豹救援队先后参与了"7·22"甘肃岷县地震、天水洪灾、"11·29"青海玛多雪灾、海南"威马逊"抗风救灾、云南鲁甸地震、江西水灾、云南景谷地震、尼泊尔地震救援等重大自然灾害救灾救援工作。
7	中安救援队	北京中安救援队，成立于 2011 年 5 月。是由一批专业救援队队员发起并组成的一个从事野外遇险、自然灾害等紧急情况救援的公益性团体。中安救援队曾经参与汶川、舟曲、盈江大地震等重大自然灾害的紧急救援，和多起公共安全意外事故的紧急救援，并屡获殊荣。
8	深圳山地救援队	深圳山地救援队经深圳市体育局批准，是深圳市登山户外运动协会的分支机构，接受深圳市人民政府相关职能部门的业务指导和监督管理。深圳山地救援队下设山地救援委员会、信息指挥中心、技术部、培训部、特勤部、搜救中队和行政外联部等部门，所有队员均为志愿者。
9	南北道无线电救援队	南北道无线电救援队成立于 2014 年 8 月 6 日，中继台：460.650，传输距离为：60—100 公里，是目前山东地区非专业救援的民间公益组织。南北道无线电救援队是国内首支以公益道路救援为主体的志愿者队伍，他们依托无线电、QQ 群为信息传递载体，进行力所能及的道路公益救助。
10	壹基金救援队	壹基金救援队是壹基金旗下的一支民间救援队，壹基金救援联盟是从汶川地震救援中诞生的中国第一个专业的民间救援联盟。壹基金救援联盟的主要工作是联合全国各地的志愿救援力量，逐步完善、整合、扩大救援队伍，普及公众安全和救生常识，以更好地配合政府应对和防治各种灾害，开展救援工作。

资料来源：根据公共安全装备网站资料整理而得。

第三节　社会组织参与地方应急管理的功能

任何的主体都会在特定的场域中发挥特定的功能。参与的本质就是特定主体在特定的场域发挥功能。应急管理中，社会组织参与可以有效弥补政府在公共资源的分布上存在的缺陷。按照治理理论，社会组织可以通过提供部分应急公共产品和公共服务的形式进行参与。有利于应急公共产品和公共服务的外部化和资源配置，减轻政府的负担，降低政府成本，并且促进应急公共产品和服务的多样化和有效化。社会组织参与应急管理有利于进一步增进政府与公众之间的互动，而多元治理主体间的内部互动关系，有利于形成整体性应急治理力量。近年来，社会组织在应急管理参与中的表现越来越成熟。

民政部根据应急管理工作的规律及社会组织的特点，专门指出了其参与应急管理的侧重点。结合应急管理部的阶段划分，下文对社会组织在各阶段参与的重点进行具体分析。

一　预防与准备阶段

（一）思想准备

应急管理最重要的就是做好思想准备，尽最大努力将应急思想统一到应急管理的实践中去。对于社会组织中参与应急救援的人员而言，在涉及应急救援之前，需要从思想观念上正确认识应急管理，准确理解应急管理的性质、树立正确的灾难与灾害应对价值观，并要有融入应急管理的思想准备。在应急预防与准备阶段，需要提升全社会范围内公众的应急思想准备。社会组织可以作为各级政府宣传应急管理的得力助手，协助其进行应急管理的宣传与教育活动，推动应急管理思想在公众中普及。特别是使公众认识到应急管理绝非是政府应急部门及相关组织的分内职责，同时在组织人员活动的任何一个业务岗位和任何一个流程，稍有不慎极易引发危机和灾难的发生。对于应急管理问题，政府、社会组织、公众等多元主体均需具备"持久战"、常态化的思想准备，并且针对风险点必须制订周密的应对计划。社会组织可以积极展开应急教育、应急培训，通过提高公众的应急意识和应急能力，来提升全社会的应急管理水平。应急管理的重要目标是将突发公共事件及危机消灭在萌芽中。如果能够充分唤醒社会组织及成员的应急意识、社会组织的预警作用，就能够从根源上找到突发事件的各种诱因，进而防止突发事件的发生及发展，避免大灾大难的出现，降低其对社会的破坏程度。

（二）预案准备

为了有效地参与应急管理，社会组织应该积极准备应急预案。某些专业性较强的社会组织，可以积极组织本领域的专家，参与应急预案的设计、制定、修订及完善工作，保证应急预案的可操作性、客观性和科学性。社会组织也可以帮助其他社会组织设计符合其实际情况的应急管理预案，帮助公众顺利获得相关信息，也可以通过其他方式及时地向政府反映公众的诉求。对于各级各类应急预案中政府与社会组织的合作框架、分工标准、参与和退出机制衔接上，社会组织也可以根据实际情况，向政府提出相关的政策建议，以更有效地培育和发展社会组织参与应急管理，提高其应急管理参与的效果。

社会组织可以发挥其专业优势，邀请相关的专业人士及相关的专业社团，以专题研讨会、讲座、培训等公益项目的方式，进行应急预案的宣传活动。从而使公众知晓突发事件发生发展规律及个人保护与相互自救的方式与方法，以此提升自救与他救能力。同时，宣传应急预案与现有法律法规之间的关系，对公众存有异议的地方进行解释，宣传社会组织以及志愿者的角色、义务，增进公众对于社会组织是应急重要力量的认识。

社会组织本身也被纳入到各级各类应急预案之中，同时，在《突发事件应对法》的指导下，社会组织已经嵌入以国家应急预案为核心，紧密衔接的各级各类应急预案之中，而非作为临时参与者的角色。越来越多的应急预案将社会组织参与应急管理过程中应该完成的任务、职权、责任、流程进行了说明，形成了相关的制度规定，从而使得其获得参与身份的合法性和参与角色的确定性。

(三) 物资准备

虽然从整体上看，我国的社会组织尚在成长阶段，自身的人力、物力、财力等资源较为受限，但是社会组织可以帮助政府做特定应急物资的调处，利用捐赠、慈善机构汇集相关应急资源，在短时间内提供量大质优的应急物资，如基本的应急物资，包括：水、食品、能源、衣物被褥、药品等。从长期来看，也可以通过多种渠道做好物资采购、储备调运工作，做到有备无患，从而有效地整合应急管理资源。在一些紧急情况下对应急物资资源实施有效处置。如果一个小区发生火灾，物业在紧急状态下可以联合社区组织使用灭火化学品和消防水管以及其他辅助物品，利用已经制定的快速疏散逃生路线，最大限度地减少火灾损失。社会组织应与应急管理相关职能部门保持密切的联系，可以基于市场化运作等方式，共同准备相关的应急物资，分担应急管理部门对于物资储备不足的风险，基本的物资包括日常生活用品、办公用品，常用应急设备、车辆以及个人信息通信设备等。社会组织还可以对这些物资搭建信息系统，方便及时查阅、调配和补充相关应急物资。在这一阶段，社会组织可以更为灵活地调整自己的工作方法和工作内容，充当物质资源的聚集者、牵头者，为解决非常状态下应急物资短缺的问题，提供备选方案和多样化的服务。

二　监测与预警阶段

(一) 信息搜集

信息搜集对于应急管理工作至关重要。在科层组织中，信息传递的有效性既取决于管理幅度，也与管理层级密切相关。管理层级越多，自上而下信息传递的速度就越慢，越容易发生信息的扭曲，以至于出现决策失误的概率就越大。因此，信息传递通道是组织结构设计中必须要考虑的重要元素。信息会给应急管理主体带来成本，如信息搜集成本、甄别成本、决策后的风险成本等。应急管理中信息适时处理是一个重要的命题。显然，当突发公共事件及危机发生前，及时有效的信息可以将其消灭在萌芽中。当突发公共事件及危机发生后，必须依托信息迅速进行救援和援助。信息越滞后，恢复正常秩序所需要付出的努力和代价就越大，恢复常态的可能性会越小。依托突发公共事件应急预警机制，社会组织成为强化事前预警的重要组成部分。社会组织也是突发公共事件及危机的重要信息源。所谓突发公共事件及危机的信息资源是指社会组织利用自身资源在履行应急管理职能过程中所搜集、产生的相关数据和信息。这些信息既包括物质世界所产生的信息，也包括虚拟世界中自媒体搜集、报道、传播的信息。社会组织与基层群众联系紧密，广泛分布于各个领域、各个区域，可以在第一时间公开地搜集、整理、汇总相关信息，并通过特定的信息平台与政府相关职能部门保持密切的沟通，以促使政府能够对相关信息进行及时的回应，有助于突发事件预警信息的收集与传递，提高全社会的突发事件及危机预警能力。

（二）危机预警

危机预警是通过预测危机、向相关部门及人员发出风险警告以及为预防和缓解危机的决策提供信息来阻止危机发生及进一步扩大的一种努力。危机预警机制的启动是应急管理主体有效应对突发事件的第一步。对于一些苗头性事件的主要表现、产生原因、传导机制等进行深入分析，加之对于危机事件的历史考察，可以有效地减少或避免危机事件的发生或将危机事件带来的损失减少到最低程度。目前，危机预警采取的是各级政府、公共机构、军队、消防、武警等部门的联动，主要依靠体制内力量，同时也建立了面向社会开放的信息报告制度，鼓励社会组织、公众报告危机隐患，个别地方政府还推出了奖励制度，这是对社会组织能力的充分肯定。部分社会组织具备对于致灾因素及各种险情进行初步判断的能力,同时对于那些非重大危、急、难的突发公共事件具备了相应的紧急处理能力。特别是社会组织能够较为敏感地捕捉到特定范围社会成员的精神需求和心理健康状态,这是普通传感器等物防设备所不能及的。社会组织能很好发挥"减缓器""稳压器"的作用,在一定程度上化解社会矛盾,稀释社会冲突,从而促进社会的和谐稳定。

(三) 预警决策建议

社会组织涵盖的群体十分广泛,其中不乏化工、环保、科学研究等专业性群体。社会组织在特定的领域能够向当地政府、相关主管部门或专业机构针对相关的突发公共事件,提出相应的险情分析以及初步的决策建议,为相关部门节约研判时间,辅助其提升决策效率。在充分了解公众利益诉求的基础上,同时提出相关的行动建议,影响政策的制定和执行,从而提高政府、公众对危机事件的感知度。

社会组织在拓宽危机信息搜集、预警渠道的同时,可以利用自媒体等方式及时捕捉到危机事件的动态发展,并向政府、公众等多元主体动态发布相关信息,以便政府、公众等多元主体因应更改应对危机的方法、方式及策略,提升应急管理决策的科学性、透明性和民主性。社会组织参与应急管理决策,也意味着社会组织获得了应急管理中的平等、权利共享等新时代的政治价值观念。在政府的应急管理决策机制之中,已经重视并吸收了部分社会组织,这既有助于增进社会组织深入理解政府的应对危机之道,同时也有助于社会组织在应急决策中发挥主观能动性。

三 处置与救援阶段

(一) 自救避险

并非所有的突发事件都可以有效防范、避免其发生,如地震等自然灾害,人类迄今还不能对其进行准确预测。在紧急情况下,财力、人力、物力等各种资源有限,工作难以面面俱到。社会组织可以在特定区域做到精细化，如，关注老人、孩子、贫困阶层、特定残障人士等群体，根据他们的特定需求，提供量身定制的相关公共服务，促进其更好地融入社会，享有发展的权利和机会。

社会组织与民间的联系更为密切，因而其天然具有高度的自救互救责任感和自觉意识，社会组织组建了各级各类救助组织和应急救援队伍。在突发公共事件及危机发生后，社会组织根植于基层能够进行快速动员，先期到达现场，在第一时间开展救援活动，充分发挥人力资源方面的灵活性优势。社会组织可以通过救助基金等渠道，获取必要的财力支持。同时社会组织以自身实践充分动员基层群众献爱心，从而带动一批公众投身于应急管理事业，为社会组织参与应急管理及对于突发公共事件及危机的救助创造良好的社会氛围。

（二）应急动员

所谓应急动员就是指政府、社会组织和公众等多元主体为应对突发公共事件及危机而紧急调动一切能够调动的资源，避免突发公共事件及危机的破坏作用进一步扩大而采取的一系列行动的总和。在一些突发公共事件中，社会组织不仅可以为政府决策提供信息，而且也可以在第一时间将信息予以发布，快速地发动公众。在多种信息平台上，社会组织可以发出求助信息，介绍灾区情况，同时公布捐赠电话及相关平台信息，号召公众为处置灾害或灾难捐资捐物，尽自己一分力量。

社会组织根据突发事件造成的损害程度及其社会后果，组织募集社会捐赠，帮助受灾群众解决实际困难，一定程度上弥补了政府在应急管理中的不足。社会组织能够迅速地将其他受影响主体的意识、建议、意志和目标进行有效的统一，通过组织化的运作，把分散的个体组织起来，整合群体的力量，形成集体的行动，从而形成行动上的互惠规范，使得个体的行动更加有序。

（三）辅助救援

社会组织可以在突发公共事件及危机发生时，成为政府应急救援力

第二章 社会组织参与地方应急管理的基本要素

量的必要补充。从地域来看，有些社会组织距离灾难/灾害现场较近，可以第一时间到达现场，进行初步的灾情探查，并将信息及时传递给政府及应急管理职能部门，为政府入场救助提供重要的第一手信息，从而使得受灾区域信息传播速度大大加快，有利于政府在应急管理中形成统一指挥、全面掌控的局面。社会组织可以协助政府调度相关部门，组织群众疏散。社会组织可以帮助政府部门进行风险评估与分析，了解公众的风险需求。由于突发公共事件的紧急性、后续事态发展的不确定性、公众对于灾害的恐惧性，社会组织可作为政府与公民之间沟通的桥梁。社会组织可以通过手机、微博、微信等交流方式，通过信息沟通，让公众了解灾情，消除不必要的恐慌，减少谣言的传播，发挥稳定民心的作用。社会组织可以在政府的统一协调下及时反馈，开展行动和建设性的工作，并根据不同的专业方向，及时调整策略进行有效的救援。2020年6月以来，南方地区连续几个月遭遇特大洪涝灾害。社会组织纷纷伸出援助之手。如武汉云豹救援队，开展了监测水情方面的工作；南昌的雄鹰救援队，他们在做转移安置群众还有搜救这方面的工作；壹基金联合救灾项目的这些社会组织主要在安置点，在受灾的农村开展一些紧急生活救助[1]。社会组织可以根据事态的发展提供适当的内部原生动力，为应急管理过程中的受灾人员提供相应的救援物资，在土地征用、拆迁补偿、环境保护、社会福利、丧葬资金等方面开展协助工作。

社会组织参与应急管理过程中的专业化优势主要体现在贴近社会基层、接近社会的优势。不同地区、不同类型的社会组织可以根据各地情况灵活地调整工作方向和需求，提供有针对性的援助，并在一定程度上使受灾群众对社会组织产生信任感，从而提升整个社会应对危机的能力。在应对危机的过程中，社会组织也能发挥重要的积极作用，促进社会秩序快速恢复。

---

[1] 佚名：《面对洪灾，社会力量做了什么，有哪些挑战?》，《南都观察》，2020年8月14日，https：//nanduguancha. cn/Home/news/detail? cate_ id =1&id =4655。

四　恢复与重建阶段

（一）物资援建

社会组织有能力参与灾后生活救助、重建等方面的工作。社会组织可以利用其在处置突发事件中的灵活性，弥补政府援建工作的不足。社会组织通过多方渠道通过动员为受影响组织、区域提供资金和技术支持，提供援助物资，吸纳专业人员参与重建，更好地满足灾区人民的利益诉求。《慈善蓝皮书：中国慈善发展报告（2019）》指出，2018 年中国社会捐赠总额预估为 1128 亿元，2018 年度中国志愿者总量约为 1.98 亿人，占中国大陆人口的 14%。其中注册志愿者 14877.88 万人，注册率为 10.66%；非注册类志愿者 4932.88 万人；活跃志愿者 6230.02 万人。全国活跃志愿者在 2018 年度贡献志愿服务时间总计为 21.97 亿小时，比 2017 年度增加 4 亿小时，增长率 22%。[①] 社会组织在善后阶段还为现场救护、专家咨询、医疗急救、现场保卫、物资保障和对外宣传等方面提供大量物资。

近年来，在应急管理活动中，也出现了政府购买由社会组织提供的公共服务和公共产品的现象。社会组织可以作为应急管理过程中独立的监督者，监督多元主体在应急管理中的物资调用、分配，提高物资的使用分发效率，节约政府财政开支。

（二）精神安抚

公众心理创伤康复是恢复重建阶段中的重要工作。一般而言，突发公共事件及危机越严重，对公众的精神影响也越大。恢复重建阶段第一时间内，公众对精神安抚的需求十分迫切。

社会组织作为政府心理援助机构的有效补充，可介入受灾群体心理疏导，帮助其心理康复，减轻其精神压力，改变对生活的悲观期望。精

[①] 中华慈善总会：《中华慈善总会第五届会员代表大会二次会议工作报告》，2020 年，http://www.chinacharityfederation.org/nv.html?nid=98ba5ccc-9a40-4899-8154-de96416a30d7。

神安抚通常以"政府—医务社工—社会组织"联动模式展开。社会组织在政府相关政策扶持下与政府、医务社工等展开相辅相成的服务工作，同时能够满足受灾群众的医疗服务与物质需求。社会组织按照灾难/灾害的严重程度提供专业化的健康和心理关怀，进行危机后的心理调适、心理辅导、心理支持等，特别是在恐怖事件、自然灾害等危机发生后，向受害者提供心理援助和精神援助。社会组织能够对受灾群众的物质生活有近距离的观察，能够较为敏感地捕捉到公众的心理状态，并且能够对其社会关系和社会结构有更深入的了解；能够在很大程度上缓解公众灾后后遗症状和孤独感的问题，增进其重新融入社会与确立生活自信心，促进受灾群众的身心恢复。

（三）促进可持续发展

恢复重建是一项复杂系统的工程。突发公共事件及危机会对社会各个方面造成重大影响，不仅包括扰乱社会正常发展秩序，干扰经济发展，同时也会对于受影响区域公众的心理健康、精神状态产生重大影响。特别要注重对相关民生工程的冲击，如环境保护、社会保障、就业恢复等工作。

在应急管理的恢复重建阶段，一方面要恢复社会秩序，同时也要对涉及国计民生的重大基础设施进行恢复，由于任务繁重，需要投入大量的资金、人力，所以通常由政府负责进行，但是对于公众个性化的一些服务需求，社会组织作为一种公益性组织，其成员分布的广泛性、与公众联系的紧密性、组织领域的专门性等使其在危机恢复与重建的应对中，可以通过参与恢复重建、协助灾区人民生活和安抚社会心理等工作，积极帮助灾区恢复正常的生活和生产秩序。社会组织还可以对救灾资源的分发、使用进行监督。在突发公共事件及危机发生后，根据其规模的不同，往往会收集到来自各方面、各领域的大量资源，在对其分发、使用的过程当中，由于紧迫性及多主体参与，会使资金、物资分发使用存在混乱壮观，相关人员的合法权益等方面得不到有效保障。社会组织可以有效地参与其中，发挥监督辅助作用，如在印度洋海啸灾难应对过程中，英国的乐施会在应急救助阶段监督资金使用是否存在着问题，对国际救援机构救援的情况进行评估并提出意见。

　　政府主导开展的重建工作通常是阶段性的项目，项目完成后政府机构及人员便会撤离。对于所属灾区或邻近于灾区的一些社会组织，通常能够在政府实现恢复重建的阶段性目标后，对接参与灾区的恢复重建工作，它们对当地情况较为了解，当地的恢复重建也与自身息息相关，社会组织能够对公众的诉求进行持续的关注与回应。社会组织可以通过定期举办讲座，传授应急管理常识，排查公众心理恐慌，纾解不良情绪。部分社会组织也可以开展相应的评估工作。通过搜集第一手救援资料以及参与的切身感受，发现应急管理过程中的种种问题，总结相关的经验教训，为相关的应急管理部门提供参考借鉴，使不同社会群体接受深度培训，既培育了专业化的队伍，又进一步提高了社会组织的自组织能力。

第四节　社会组织参与地方应急管理的优势

　　政府应急管理体系庞大，层级繁多，部门林立，综合性比较强。社会组织能够基于组成的多元性，贴近社会基层，信息传递较快捷，以更加灵活的方式参与应急管理。具体而言，社会组织参与地方应急管理的优势体现在以下四个方面。

一　社会组织的志愿性有利于提升应急管理效率

　　突发公共事件的不确定性和复杂性对应急管理系统提出了挑战。为了对其有效应对，必须在政府和社会组织之间建立合作关系，而合作的前提是社会组织参与具有积极功能。在经济、政治、文化等领域的一系列变革的背景下，政府与社会组织之间不再只是监管与被监管的关系，

第二章　社会组织参与地方应急管理的基本要素

社会组织的独立性提升，逐渐摆脱了与政府的行政隶属关系，社会组织的自主性和创造性得到释放，社会组织潜在的动能通过制度设计得以有效地激发，而这些特性使得社会组织在参与应急管理过程中主动性愈发突出。社会组织增强了参与应急管理工作的意愿，并且此种参与已经由"要我做"向"我要做"转变。

在日常管理中，社会组织可根据专长向公众进行相关应急管理知识的教育和宣讲，尤其那些有较为丰富的参与应急管理实践经验的社会组织，通过现身说法增强公众的应急管理意识以及对应急管理相关知识、技能的学习热情。社会组织的自治结构可以对突发公共事件快速反应。如，2016年6月23日下午，江苏省阜宁县遭遇强冰雹和龙卷风双重灾害，中国扶贫基金会救援工作组等全国数十家社会组织的社会力量于次日凌晨抵达阜宁，并在迅速开展救援的过程中组建了社会组织联络服务中心，及时对接当地相关部门和公益慈善机构，为参与救灾的社会组织提供信息共享、资源对接[①]。在复杂程度不同的应急救援活动中，社会组织依据自身的力量灵活与政府协同配合，调动公众的积极性，动员大批志愿者加入公共危机应对之中，在人力、财力、资源方面起到了有效补充作用。

再如，英国政府在1998年11月和全英慈善组织与政府合作委员会签署了《政府与志愿及社区组织合作框架协议》（The Compact on Relations between Government and the Voluntary and Community Sector，英文简称：COMPACT）。这份协议明确政府进一步发挥促进志愿活动、支持社会组织发展的措施。

二　社会组织的灵活性有利于降低应急管理成本

从实践层面来看，在突发事件应急管理中，政府已经注意到了自身

---

① 佚名：《驰援阜宁，社会组织在行动》，《中国社会组织》2016年第13期。

的局限，选择与社会组织合作，使其和政府部门形成补充，以有效降低政府应急管理成本。

如前所述，社会组织涵盖范围十分广泛，从领域上来看，在政治、经济、文化、社会、科教等领域广泛分布；从层次上来看，既涵盖发达地区，也涵盖欠发达地区，既分布于广大城市也分布于广大农村；从人员上来看，包含社会各行各业从业人员，社会组织管理层级较少、处理机制灵活、直接面向服务对象，可以节约用于应急管理投入的人力、物力。

社会组织在日常管理中，也要基于自身的组织体系、规章制度来规约组织成员的行为，达成组织成员观念的高度一致，实现利益聚合，在应急管理中实现理性协商。社会组织是原子化的个体加总。正是因为这种特点，社会组织具备来自于民、取信于民、服务于民并且具有较强的地域性等特点。原子化的个体组成了原子化的社会组织，这不仅仅是个体能力的加总，同时它在参与应急管理过程中，克服政府应急管理中的缺失，体现出了能力叠加效果。社会组织的参与减少了政府应急管理部门在危机酝酿期的管理投入和预警投入，促使信息通过多渠道、多平台反馈到应急系统之中，并通过广泛的宣传规约了部分社会群体的行为，为政府应急管理部门节约了大量人力、物力、财力。在突发公共事件及危机中，应急组织是政府紧急救助的重要补充力量。

三 管理主体的多元性有利于应急管理体制改革

随着我国社会的发展和政治改革的深化，"全能政府"的传统管理模式逐步转向"有限政府"的现代管理模式，将社会组织和公众个体力量都吸纳到应急管理主体的范畴中。在多主体合作过程当中，最重要的是构建基于相互信任的合作伙伴关系。而构成合作伙伴关系的重要前提是双方各自有能够相互弥补对方不足的资源，并且构建了资源交换的有效通道，在资源交换过程中可以保障效率和效果。随着社会组织自身力量的不断发展以及不断参与应急管理的实践，已经具备与政府相关部门合作达成伙伴关系的现实条件。社会组织的有力参与可以促使政府及相关职能部门由应急全能型向应急服务型转变。

一方面，政府通过转变应急管理观念，完善对社会组织参与应急管理的相关法律，把社会组织纳入应急管理系统，利用其专业性技术和自组织机制，提供灵活、高效的救助服务，从而解决应急管理信息不对称的问题，弥补政府公共应急物品量和质的不足。社会组织的动员能力和资源汇聚能力，在应急管理当中发挥了实际作用，其能力在实践中得到了进一步证明。

另一方面，政府进一步整合资源协调机制，尤其是与社会组织在分工、角色、功能方面的定位，既要充分利用社会组织的资源及其应发挥的功能，同时避免相应的资源浪费，弥补机构设置和服务上的不足，同时社会组织的参与也使得政府的原有职能发生转变。社会组织参与推动政府精简机构，由"大政府"向"大社会"转变。重大突发事件的救援会对社会组织起到了一个良好的示范作用，越来越多地为社会组织参与其中提供经验借鉴。例如，汶川大地震后，一批社会组织成立定向捐赠组织、成立心理援助机构参与灾后重建，这为2010年玉树地震的社会组织有效参与提供了经验。

四 应急管理系统的开放性有利于应急管理常态化

从系统论的角度来讲，应急管理系统中不仅涉及多元主体、多个部门的互动，而且涉及各自的权利责任、各种人财物资源的匹配。同时应急管理系统的开放性，能够吸纳各种社会力量参与，诸如灾后重建、救灾物资发放、弱势群体扶持等各项活动，使公共危机处理发挥持续性的作用。社会组织涵盖广泛，对于特定范围内的数据信息比较灵敏，社会组织可以利用其广泛的社会触角和成员基础，实现对突发事件的日常化监督管理。

对于现代社会的应急管理而言，准确及时的信息是至关重要的。在敏锐的传感器上所收集到的信息，经由信息平台精准地传递，再进入决策系统形成正确的决策研判，可以有效地应对突发公共事件及危机。社会组织可以充当突发公共事件及危机信息预警的终端传感器，对于突发公共事件及危机的预防，提供必要的信息。突发公共事件及危机的应急处理需要在较短时间内进行，信息传递的速度越快越好，可以发现危机征兆，阻止危机的蔓延。社会组织能够通过基层的各种渠道加强突发公共事件及危机预警信息的传递，及时快速地作出应急决策是十分重要的。

在突发公共事件及危机发生时，社会组织基于地理位置靠近的优势，在具备常态化准备的情况下，通常能够即刻行动。汶川地震发生后，四川本地的社会组织积极响应，迅速行动筹资筹物，并募集车辆运输物资。它们成立了 NGO 四川地区救灾联合办公室，协调多个社会组织整合物资、运力和专业救援队伍等资源，迅速投入到灾区救援之中。另外，社会组织与社会成员关系密切，在危急时刻能够给予社会成员必要的物质和精神支持。例如，我国"非典"疫情发生之时，北京的疫情较为严重，而在北京这样一个国际大都市中，存在着多种群体，尤其是对于打工群体、城市低保人员以及"北漂一族"，其住房、医疗、生活保障都遇到了困难。北京的社会组织、志愿者积极行动，联合社区，为这些群体提供了基本生活物资保障以及居住场所，为配合北京疫情防治工作作出了突出的贡献。再如，北京市 2012 年 7 月 21 日的大雨造成首都机场大量旅客滞留，一些市民自发组成了"双闪车队"免费接送这些旅客。从 21 日晚上 12 时 30 分到 22 日凌晨 5 时 30 分，至少有 200 辆私家车参与了本次救援活动，接送旅客达 500 人次。[①]

总体看，社会组织参与应急管理具有极其重要的功能和意义，社会

[①] 褚松燕、宋雄伟、于现忠：《从灾害管理到灾害治理：中国城市社区减灾防灾救灾体系研究》，《中国治理评论》2014 年第 10 期。

组织以志愿精神、公益性、互助性、专业性、服务性为特征,能够有效克服应急管理过程中的资源弥散性。社会组织不仅能够在突发公共事件发生前进行信息搜集与预警,还能在突发公共事件发生后的第一时间进行社会动员,辅助地方政府做好应急处置和恢复重建等工作。社会组织的有效参与提升了地方应急管理的效率。

第三章 新时代我国社会组织参与应急管理的发展成效

2012年以来，随着我国社会力量的壮大，社会组织在突发事件应急管理中的参与活动越来越活跃。社会组织展现了其参与应急管理的必要性。从危机酝酿、危机扩散和危机处置到"后遗症"消除等各个阶段都显现了社会组织的参与，这也为应急管理体系的完善提供了多方面参考；社会组织参与应急管理的经验不断增长，在技术层面、组织结构层面和组织文化层面日趋成熟。本章将考察十年来社会组织参与应急管理的发展状况以及发展成效，促使以政府为核心的多元参与主体形成更为有效的应急管理协同机制。

第一节 社会组织参与应急管理的发展

一 参与制度建设跨越式发展

（一）社会组织参与应急管理预案的完善

目前，我国形成了以"一案三制"为主的应急管理体系。法律体系上，基于《中华人民共和国突发事件应对法》形成了关于应急管理的法律体系。在此基础上，要求各级各类应急管理主体制定各级各类预案，围绕特定领域、特定层级、特定阶段的突发公共事件及危机，构建了应急管理的机制、法制与体制。

在应急管理体系中，"凡事预则立，不预则废"，应急预案的科学性、

第三章 新时代我国社会组织参与应急管理的发展成效

完整性、可行性是保障应急管理效果的必要前提。应急管理部指出,"针对预案缺乏实用性、演练'演多练少'等问题,加强预案内容审核和衔接把关,做好与本地区风险、救援力量的对接"。应急预案建设越来越重视应急预案准备和突出应急预案的可操作性。

《国家突发公共事件总体应急预案》和《中华人民共和国突发事件应对法》重点强调了政府在应急管理中的角色与作用。但是对于政府与社会组织之间,在应急管理参与的权利、责任、义务、决策、功能等方面,并未详细阐明。随着各地应急管理实践的深入开展,一些地方政府的应急预案中关于社会组织参与的表述进一步完善,包括社会组织参与的总体应急预案、社会组织参与的分类应急预案(自然灾害、事故灾难、社会安全、公共卫生等)、社会组织参与的专项应急预案等在内的预案体系。在应急管理的实践中,定期组织各方力量进行修正,不断增强预案可操作性和有效性。如,《吉林省自然灾害救助应急预案》(吉政办函〔2014〕88号)中有两处提到社会组织,一是"1.4 工作原则——(3)坚持政府主导、社会互助、灾民自救,充分发挥基层群众自治组织和公益性社会组织的作用。";二是"3.5.1 加强自然灾害各类专业救援队伍建设、民政灾害管理人员队伍建设,提高自然灾害救助能力。培育、发展和引导相关社会组织和志愿者队伍,鼓励其在救灾工作中发挥积极作用。"[1] 面对社会组织参与应急管理力量的不断增强,各级地方政府对社会组织参与都持有积极的态度,深化了对社会组织参与应急管理的地位与作用的认识。但是应急预案中对于社会组织参与应急管理的指导思想、组织机构、工作方法和应急救援资源、主体、职责任务等越来越细化,从而使社会组织参与应急管理的规范性显著增强。在政府主导下,社会组织参与的领域和范围得到进一步细化。

(二)社会组织参与应急管理体制的完善

我国应急管理体制过去偏重于集中式。集中式应急管理体制的主要

---

[1] 《吉林省自然灾害救助应急预案》(吉政办函〔2014〕88号),2015年1月17日。

特点是：对特定的灾情采取被动的应对措施，多个管理部门共同组成应急管理小组，职能和权限分布于不同部门之中，在发生重大灾难时，发挥"人多力量大"的优势，以弥补技术、专业力量不足的缺陷，部门间联系不够紧密，主要依靠上级组织的指挥调配，强调集体利益及集体优势。应急管理主要采取"依靠群众，依靠集体，生产自救为主，辅之以国家必要的救济"方针。在应对灾害/灾难过程中，较少接收国际捐赠，其资源的募集主要依靠国内自力更生，此后，逐步完善了灾害评估体系，构建了涵盖更为广泛的资源募集机制，同时应急管理工作"走出去"，积极参与各种国际救援活动。依靠这种集中式应急管理体制，中国有效地应对了各种危机的挑战。

我国传统应急管理体制的一个突出特征是政治动员，这种运动式的应急管理体制尽管能够发挥"集中力量办大事"的优势，同时也存在着过度动员、运动式治理、成本过高的不足。[①] 政治动员只是应急管理中的非常态化行动，其启用是以重大突发公共事件的发生发展为前提，而当重大突发公共事件处置完毕，政治动员也宣告结束。政治动员的存在有其客观背景，也是我国制度优势的集中体现之一。特别是在资源匮乏的条件下，可以在短时间内将人力、物力、财力集聚，快速处置突发公共事件的发生及发展，将损失降至最低。在应急管理中，政治动员展现出了强大的效能。

党的十八大以来，以习近平同志为核心的党中央高度重视应急管理建设，推动我国应急管理事业不断取得重大历史性成就。应急管理体制由集中式转变为参与式。面对经济社会制度调整，国家构建了以中央政府坚强领导、有关部门和地方各级政府各负其责、社会组织和人民群众

---

① 薛澜、沈华：《五大转变：新时期应急管理体系建设的理念更新》，《行政管理改革》2021年第7期。

广泛参与的应急管理体制。① 面对应急管理日益复杂的局面，应急管理资源的紧张状况，同时解决应急管理力量的分散，我国进行了应急管理体制改革，构建了政府、企业、社会组织、公众等主体之间协同参与的应急管理体系。

突出参与为应急管理制度变迁的重大创新。政府不断搭建各种平台，为社会组织等多元主体参与应急管理提供方便。在应急管理体系中，参与不仅仅体现在中央层面的顶层设计上，而且贯穿于全国应急管理体系的多个层级之中，即从中央到地方政府，都直接或间接地设计便于社会组织参与的内容。2012年以来，社会组织积极参与各级各类应急管理活动，在重大突发公共事件处置应对中发挥了重要的作用，同时，在社会上产生了广泛的、积极的示范效应。体现了社会组织参与应急管理的重要价值。

（三）社会组织参与应急管理机制的完善

中国应急管理机制建设非常重视政府在其中的核心作用，重视政府及其职能部门的结构化建设，重视应急管理在预防、准备、响应和恢复等阶段中的功能性作用。进入新时代，中国应急管理机制进行了重大的调整和转型。中国应急管理机制建设越发强调精准化，即应急管理功能和结构的调整都以精准化的目的而进行。在以"一案三制"为基础的应急管理体系建设中，由强调"以不变应万变"的机制构建转向"基于情境的应急驱动"。

基于情境的应急驱动，是指根据真实的情境和明确的处置要求，让应急管理主体明确对象，置身具体情境之中，经过多元主体互动协同完成应急处置任务。基于情境的应急驱动具有临场性、限制性和开放性的特点。所谓临场性，是指围绕具体情境、确立处置目标展开救援活动；所谓限制性，是指结合具体情境，从多元主体中选择合适的主体和从应

---

① 唐皇凤、黄小珊：《百年大党防范化解社会风险的基本历程与主要经验》，《贵州社会科学》2021年第10期。

急"工具包"中选择合适的工具；所谓开放性，是指参与应急管理活动主体的开放性，符合条件即可参与。

由于应急管理涉及自然灾害、事故灾难、公共卫生事件、社会安全事件等多种类型，分为特别重大、重大、较大、一般等多个级别，应急处置具体场景丰富多样，十分复杂。这就对应急管理主体提出了较高的要求，而单纯依靠政府为主体的救援活动不能够完全满足基于情境的应急驱动。在这种情况下，社会组织在多种情境中参与应急管理活动能够有效地弥补救援处置力量不足的问题。

应急管理机制建设重视人员、资源、技术等各个要素在以城市为中心的应急管理体系中如何发挥具体的作用。近些年来，尤其重视两个方面的建设，一方面是高新技术在城市应急管理中的重要作用，通过高新技术对突发公共事件进行及时预警，对于风险点进行及时捕捉，通过移动科技助力信息搜集、投送及应急处置。另一方面是社会组织在城市应急管理中的重要作用。通过城市中较为集聚的社会组织及较好的志愿精神，积极动员社会组织协助政府等应急管理部门，对于突发事件全过程、全阶段进行及时的处置。汶川地震、芦山地震等重大自然灾害发生以后，应急管理机制建设也重视人员、资源、技术等各个要素在农村等偏远地区应急管理体系中如何发挥具体的作用。一方面，改善农村等地区应急科技含量较低的现状，积极培育农村社会组织茁壮成长，培训其参与应急管理的技能，使其在应急管理中积极协助地方政府参与应急处置；另一方面，积极提升城市社会组织快速投入到边远地区进行灾情处置的能力，同时增强其专业能力的建设，在数次重大自然灾害中，都可以看到城市社会组织的参与轨迹。

二 参与政策制定高质量发展

（一）参与政策的加速出台

党的十八大以来，我国社会组织参与应急管理的主动意识与参与热情日益高涨，其参与应急管理进入快速发展阶段。

1. 明确参与意义

为了加快应急管理体系建设，统筹社会力量参与应急管理，2015年10月9日，民政部公布了《关于支持引导社会力量参与救灾工作的指导意见》，指出："社会力量参与救灾的热情持续高涨，逐渐发展成长为救灾工作的一支重要力量，尤其是汶川地震、玉树地震、芦山地震、鲁甸地震等重特大自然灾害发生后，大量社会组织、社会工作者、志愿者、爱心企业等社会力量积极参与现场救援、款物捐赠、物资发放、心理抚慰、灾后恢复重建等工作，展现了社会力量组织灵活和服务多样的优势，发挥了重要作用，初步形成了政府主导、多方参与、协调联动、共同应对的救灾工作格局。"这充分肯定了社会力量参与应急管理的重要意义。同时，高度重视社会组织参与应急管理政策保障体系建设，要求各地方政府充分结合本地实际情况对为社会组织发展搭建平台，充分考虑社会组织参与应急管理的形式、范围、功能，健全社会组织参与应急管理的支持、保障、监督各项相关政策。这为后续统筹协调社会组织有序参与应急管理提出了明确的工作要求。

2. 强化政策保障

为了更好发挥社会组织参与应急管理，推动其参与高质量发展，政府从多方位强化了其参与的政策保障。一是从应急预案管理入手，指出社会组织在参与应急预案制定过程中的权限。2013年10月25日，国务院办公厅印发《突发事件应急预案管理办法》。该办法较为系统地指出应急预案分类和内容，预案编制，审批、备案和公布，应急演练，评估和修订，培训和宣传教育，组织保障。其中第十六条指出，"政府及其部门应急预案编制过程中应当广泛听取有关部门、单位和专家的意见，与相关的预案作好衔接。涉及其他单位职责的，应当书面征求相关单位意见。必要时，向社会公开征求意见。"第二十七条指出，"各级政府及其部门、企事业单位、社会团体、公民等，可以向有关预案编制单位提出修订建议。"

二是从资源保障入手，明确完善扶持社会组织发展政策措施。2016年8月21日，中共中央办公厅、国务院办公厅印发的《关于改革社会组织管理制度促进社会组织健康有序发展的意见》，指出，"支持社会组织提供公共服务、完善财政税收支持政策、完善人才政策"，为增进社会组织自身建设及有效参与应急管理，提供了重要的资源保障。

三是从协调体制机制入手，完善社会组织全方位参与应急管理。2016年12月19日，《中共中央、国务院关于推进防灾减灾救灾体制机制改革的意见》发布，明确提出"坚持党委领导、政府主导、社会力量和市场机制广泛参与""加强政府与社会力量、市场机制的协同配合，形成工作合力""完善社会力量和市场参与机制"，鼓励社会组织将参与范围延展到应急救援评估和应急管理监督，支持在社会组织有序参与下，推动防灾减灾救灾体制机制改革发展。

3. 明确参与方针

在"统一领导、分级负责、属地为主、社会力量广泛参与"的应急管理体制不断健全的基础上，为了更好地提升社会组织在防灾减灾救灾工作中的能力，2016年12月29日，国务院办公厅在《国家综合防灾减灾规划（2016—2020年）》中明确指出："政府主导，社会参与。坚持各级政府在防灾减灾救灾工作中的主导作用，充分发挥市场机制和社会力量的重要作用，加强政府与社会力量、市场机制的协同配合，形成工作合力。"，同时，"加强救灾应急专业队伍建设，完善以军队、武警部队为突击力量，以公安消防等专业队伍为骨干力量，以地方和基层应急救援队伍、社会应急救援队伍为辅助力量，以专家智库为决策支撑的灾害应急处置力量体系。"这明确了社会力量参与应急管理工作的基本方针。

为了加强国家应急管理体系建设，在"十三五"规划中首次系统增加了国家突发事件应急体系建设子规划。2017年1月12日，《国家突发事件应急体系建设"十三五"规划》中针对"基层应急能力薄弱，公众参与应急管理的社会化组织程度较低，社会协同应对机制有待健全"的问题，指出"坚持政府主导、社会协同。完善政府治理，更加注重发挥市场机制作用，充分调动群众的积极性、主动性和创造性，强化社会参与；完善各方联动机制，加强区域协同、城乡协同、行业领域协同、军地协同、应急应战协同。""鼓励发展社会化应急救援。支持专业化社会应急救援力量发展，鼓励专业社会工作者和企业自建的应急救援队伍提供社会化救援有偿服务；完善政府与社会救援力量的协同机制，通过政府购买服务、与企业签订'服务协议'、搭建协作服务平台等形式，支持引导社会力量有序有效参与应急救援行动。"文件从协同的角度明确了社会组织参与应急管理的理想状态。

（二）参与政策的提质深化

党的十九大以来，社会组织参与应急管理工作取得重大进展，社会组织参与应急管理进入提质深化阶段。

1. 强化参与监督

为了在不同的应急管理情境下提升社会组织的参与能力，对于社会组织参与应急管理的监督提出了进一步的要求。

针对基层安全生产领域，2017年12月，国务院安委会办公室印发了《关于加强基层安全生产网格化监管工作的指导意见》，指出"强调从组织领导、加强网格员待遇保障、强化业务培训、建立常态化运行和考核机制、加强信息化建设、典型引路以及推动社会力量参与等方面为安全生产网格化监管工作顺利推进提供保障。"文件强调了社会组织参与监管对于全面提升基层安全生产的重要作用。

针对社会组织参与应急救援工作在通行保障中的问题，确保社会组织前往灾区高效、有序参与应急救援工作，2019年1月10日，交通运输部、应急管理部联合印发《关于做好社会力量车辆跨省抢险救灾公路通行服务保障工作的通知》（交公路发〔2019〕3号），指出"社会应急力量申请参与应急救援行动，应充分考虑灾区救援需要和自身能力特长，坚持专业匹配、量力而行、就近就便、自愿参与的原则。"对申请条件、申请程序提出了明确的要求，为社会应急救援力量免费公路通行提供了政策依据和服务保障。

针对应急管理部门在行政执法过程中存在的不规范行为，提升对于行政执法监督的效果，2021年11月30日，应急管理部、司法部发布了《应急管理综合行政执法技术检查员和社会监督员工作规定（试行）》，指出"由应急管理部门商请有关行业协会、高等院校、研究机构、企业提出推荐人员名单，经征得本人及其所在单位同意后，颁发社会监督员工作证。"这对于畅通社会力量参与监督渠道，改进应急管理综合行政执法工作具有重要作用，也标志着社会组织参与应急管理工作的进一步延伸。

2. 规范参与机制

为了使社会组织能够更加理性、规范地参与应急管理，在多元共治的应急管理中实现法治化、提升治理效果，对社会组织参与机制提出了具体建设要求。

针对以往社会组织参与应急管理存在的不够规范的现象，2019年7月7日，应急管理部发布《应急管理标准化工作管理办法》，指出"鼓励支持应急管理相关协会、学会等社会团体聚焦应急管理新技术、新产业、新业态和新模式，制定严于应急管理强制性标准的团体标准。团体标准由有关应急管理社会团体按照《团体标准管理规定》（国标委联〔2019〕1号）制定并向应急管理部备案，应急管理部对团体标准的制定和实施进行指导和监督检查。"该文件的出台既指出了社会组织可以为标准化工作提供智力支持，同时也进一步保障了社会组织在应急管理中切实履行职责。

针对提升社会组织参与各级灾情管理工作能力和水平的实际需要，2020年2月13日，应急管理部、民政部、财政部联合印发《关于加强全国灾害信息员队伍建设的指导意见》中指出,"探索将社会力量纳入灾害信息员队伍建设。社会力量作为救灾工作的一支重要补充力量,面对灾害多发、频发态势,要充分调动各方面积极性,形成统筹协调、有序协作的救灾合力。一是通过政府购买服务、设置公益性岗位等手段,吸纳社会力量参与灾情信息服务体系建设。二是注重发挥社会力量的作用。特别是社会组织、志愿者队伍基础较好的地区,以及灾害多发易发重点地区,要充分发挥社会力量、基层群众和企事业单位安全管理人员作用,与基层灾害信息员形成合力。三是注重甄别、引入有较好专业素养和公益服务经验的社会组织和志愿者加入灾害信息员队伍。对社会力量参与灾情统计报送,要加强人员培训和管理,有条件的地区纳入本地灾害信息员统一培训体系,不断提高社会力量参与灾情统计报送和救灾应急工作的能力和水平。"这对于社会组织参与灾情统计报送和管理、传递灾害预警信息提出了规范指引。

3. 规划参与蓝图

由于社会组织参与应急管理的实践和理论均在不断完善之中,此前针对社会组织参与应急管理的规划不够完整和全面,但是党的十九大以来在此方面实现突破,构筑了完整的规划蓝图。

2021年12月30日,国务院出台的《"十四五"国家应急体系规划》指出,"制定出台加强社会应急力量建设的意见,对队伍建设、登记管理、参与方式、保障手段、激励机制、征用补偿等做出制度性安排,对社会应急力量参与应急救援行动进行规范引导。开展社会应急力量应急理论和救援技能培训,加强与国家综合性消防救援队伍等联合演练,定期举办全国性和区域性社会应急力量技能竞赛,组织实施分级分类测评。鼓励社会应急力量深入基层社区排查风险隐患、普及应急知识、就近就便参与应急处置等。推动将社会应急力量参与防灾减灾救灾、应急处置等纳入政府购买服务和保险范围,在道路通行、后勤保障等方面提供必要支持。"该规划从总体上指出了未来五年社会组织参与应急管理工作的重点内容。

针对社会组织在建设发展过程中存在着管理不够科学、救援能力薄弱、装备配置不规范等问题，2022年9月，应急管理部发布了《社会应急力量建设基础规范》，该规范包括1个总体要求和建筑物倒塌搜救、山地搜救、水上搜救、潜水救援、应急医疗救护5个专业类别的标准，在充分借鉴国内外救援力量建设经验基础上，对社会应急力量如何建设、如何管理、如何参与救援行动提出了具体的系列标准；对人员、装备、场地、培训演练等方面提出了具体指标要求；对不同类别、不同级别的专业队伍在人员、装备等方面的具体要求提供完整的参考体系。

2022年5月，应急管理部出台的《"十四五"应急管理标准化发展计划》指出，"引导社会团体聚焦应急管理新技术、新产业、新业态和新模式，制定应急产品及服务类团体标准，鼓励构建与应急管理国家标准、行业标准、地方标准协调配套的团体标准体系"。该计划明确了社会组织在建立完善"结构完整、层次清晰、分类科学、强标为主、强推互补"的应急管理标准体系目标之中的具体作用。

2022年6月22日，应急管理部发布《"十四五"应急救援力量建设规划》，指出了其总体目标为"到2025年，规模适度、布局科学、结构合理、专长突出的应急救援力量体系基本建成，实现专业应急救援力量各有所长，社会应急力量有效辅助，基层应急救援力量有效覆盖，为人民群众生命财产安全提供坚强保障"。同时，指出积极引导社会应急力量有序发展，持续推进基层应急救援力量建设，特别是要"突出党建引领，充分发挥专业应急救援力量、社会应急力量、基层应急救援力量中的基层党组织战斗堡垒作用和党员干部模范带头作用，提升凝聚力和战斗力，为应急救援力量建设发展提供根本保障"。该文件为保障社会组织成为关键应急救援力量，补齐自身短板弱项，全面推进社会组织参与应急管理的现代化建设明确了方向。

第三章 新时代我国社会组织参与应急管理的发展成效 ◁

第二节 社会组织参与应急管理的成效

一 参与保障不断强化

党的十八大以来,针对我国社会组织参与应急管理存在和暴露出的问题,国家不断探索和发展社会组织参与应急管理模式,在自我管理、权利与义务、高质量发展等方面形成、完善相关的制度设计。

党的领导是推动社会各项事业健康有序发展的关键。在社会组织发展过程中,把坚持党的领导作为共治共享的最关键因素。2015年,中共中央办公厅出台《关于加强社会组织党的建设工作的意见(试行)》,这是我国首次对加强社会组织党建工作做出全局部署,其"对于引领社会组织正确发展方向,激发社会组织活力,促进社会组织在国家治理体系和治理能力现代化进程中更好发挥作用"。同年10月16日,中央组织部召开全国社会组织党的建设工作座谈会,标志着开启加强社会组织党建工作的全面部署。在应急管理体系中,依托党建,针对社会组织不断完善"条块联动、横向到边、纵向到底"工作体系,增强了党在社会组织参与应急管理中的影响力和凝聚力,将社会组织中的优秀分子培养成应急管理骨干。据统计,截至2017年10月,2300余家全国性社会组织已实现"两个全覆盖";截至2022年9月,社会组织领域共建立基层党组织17.1万家,基本实现应建尽建。[①]

依法治国是实现国家治理体系和治理能力现代化的重要保障。在社会组织发展过程中,不断把法制化建设作为保障其发展的重要内容。党的十八届四中全会通过的《中共中央关于全面推进依法治国若干重大问题的决定》中首次提出"加强社会组织立法"。此后,《社会组织登记管

[①] 王冰洁:《成功走出一条具有中国特色的社会组织发展之路》,《中国社会报》2022年9月16日,第4版。

理条例（修订）》《中华人民共和国慈善法》《民政部办公厅关于印发〈社会组织统一社会信用代码实施方案（试行）〉的通知》《"十四五"国家应急体系规划》等多部法律法规相继出台，各职能部门围绕这些法律法规发布一系列政策文件，社会组织参与应急管理地位、作用、权利和义务逐渐得以准确界定。经过十年的发展，社会组织参与应急管理法治框架现已基本实现，为社会组织自身进一步发展和规范、有序参与应急管理提供了坚实保障。

高质量发展是实现国家治理体系和治理能力现代化的重要表现。十年来，社会组织的发展驶入了由数量快速增长转向质量完善发展的快车道。一方面，通过打造孵化基地等措施加快扶持、培育高质量、实力强的一批社会组织；另一方面，通过清理整顿"僵尸型"、存在违法违规行为的一批社会组织，净化了社会组织发展氛围和发展环境。社会组织的高质量发展也提升了社会组织高质量地参与应急管理。社会组织参与应急管理不再仅仅局限于自身发展的视野，而是着眼于服务国家安全稳定发展的全局。社会组织在参与应急管理的过程中积极响应党中央号召，不断提升参与质量，切实满足了多层次、多样化的应急管理需求。社会组织参与应急管理已经形成了具有中国特色的发展之路。

二　参与理念不断更新

党的十八大以来，应急管理部门积极在应急管理参与理念、机制等方面不断进行探索创新，取得了显著成绩。

随着重大突发公共事件发生发展的不确定性日益增加社会运行的风险性，我国不断基于国家与社会、市场的关系，重新审视社会组织参与应急管理的主体性地位及其功能发挥。在打造共建共治共享社会治理格局的总体要求下，更加强调坚持群众观点和群众路线，筑牢应急管理的

第三章　新时代我国社会组织参与应急管理的发展成效

人民防线。① 我国在应急管理的顶层设计中，突出了总体国家安全观的统领作用，将应急管理嵌入到国家安全体系之中，强调依靠人民群众的坚强力量，提升包括社会组织在内的多元主体协同应对突发事件的能力，完善应急管理体系。《"十四五"国家应急体系规划》指出要"深化体制机制改革，构建优化协同高效的治理模式"，并提出到 2035 年"形成共建共治共享的应急管理新格局"的发展目标。社会组织参与应急管理的共治共享理念得以完全确立。

在我国的应急管理体系建设过程中，始终坚持以人为本的理念，强调激发应急管理人员的积极性和主动性，在应急管理处置过程中，坚持以人为本，把保障人民群众生命安全放在应急管理各项工作的首位。党的十八大以来，应急管理工作继续坚持以人为本，遵循客观规律，全面宣传应急管理及开展相关培训教育，大幅降低了人员伤亡和财产损失。2021 年生产安全事故起数和死亡人数与 2012 年相比分别下降 56.8% 和 45.9%，事故总量连续十年实现持续下降；2018 年至 2021 年，全国自然灾害年均死亡失踪人数较前五年均值下降 51.6%。② 同时，为推动社会组织在应急管理中更好地发挥作用，对社会组织及其人员给予密切关注，各地方成立了社会组织孵化基地，加大对社会组织的培育扶持力度。2020 年 12 月 7 日，民政部办公厅印发的《培育发展社区社会组织专项行动方案（2021—2023 年）》提出"力争到 2023 年，全国普遍开展社区社会组织骨干人才培训，社区社会工作人才培训累计达到 245 万人次"。以人为本，实现人的全面发展，已成为对包括社会组织在内的所有应急管理参与主体的基本价值导向。

---

① 钟开斌：《国家应急管理体系：框架构建，演进历程与完善策略》，《改革》2020 年第 6 期。
② 《应急管理部：中国特色应急管理体制基本形成》，光明网，2022 年 8 月 31 日，https://m.gmw.cn/baijia/2022-08-31/35990209.html。

三　参与模式不断完善

党的十八大以来，社会组织参与应急管理的模式不断完善，其参与应急管理的积极性不断被激活，内部自有资源利用率不断提升。

社会组织参与应急管理形成了全链条模式。以往社会组织较多参与灾情处置的现场救援活动。同时响应政府号召在灾情发生后组织捐赠活动。党的十八大以来，伴随着政府逐步构建综合型应急管理模式的同时，社会组织逐渐参与到从预防到救援到恢复的全过程，从重视应急处置参与转变为重视应急预防参与。同时，一些社会组织由于自身参与能力的提升，也将原有的参与范围逐渐扩大到应急管理全过程。例如，壹基金安全家园项目在灾害风险较高的社区/村，建立社区/村志愿者救援队，动员社区/村的村居民学习自救互救技能，为社区/村志愿者救援队配置应急工具/装备，组织标准化应急技能培训，支持村/居民参与制定"家庭—隐患点—社区"三级应急预案、开展社区应急演练/宣传等活动，全面提升社区/村应对灾害的能力。[①]

社会组织参与应急管理形成了网络化模式。以往社会组织参与应急管理较为分散，属地参与较多，即发生灾情、险情的地方社会组织参与本地域的应急管理。党的十八大以来，社会组织参与应急管理的网络初步形成。在应急管理过程中，社会组织之间在参与过程中出现了合作，同时部分社会组织规模不断扩大，建立了地方组织，在应急管理过程中能够利用全组织资源参与应急管理。以壹基金为例，壹基金通过推动省内社会组织建立协同救灾机制，同时提供项目支持及能力建设培训，帮助更多一线社会组织和公益团队成为在地方政府应急救灾机制统一协调下的响应属地灾害的一线救援力量。壹基金紧急救灾计划支持了20个省的社会组织联合救灾协同机制的建设，以推动社会力量属地化救援能力

[①] 王勇：《应急救灾这十年：社会公益力量在积极参与中迅速成长》，《公益时报》2022年10月11日，第005版。

第三章　新时代我国社会组织参与应急管理的发展成效

提升为核心目标，促进社会组织联合救灾行动规范化、标准化、专业化。十余年来，共有 1000 余家在地社会组织参与到联合救灾行动中来。①

社会组织参与应急管理形成了平战结合模式。以往主要是专业性较强的社会组织参与应急管理，在发生灾情险情时，组成临时救援队伍参与现场救援等活动，因此相比灾前备灾防灾准备，更重视灾后救灾技能。党的十八大以来，不断优化社会组织运行模式，重视常态运作中构筑动员基础，重视信息化技术手段建设，加强社会组织在应急状态下由应急救援向平战结合模式转变。2020 年以来，应急管理体系建设中特别重视基层社会组织尤其是社区社会组织的培育，重视社区社会组织建制化、强化技术培训等方面工作，力求形成稳定的基层参与队伍，为平战状态的快速切换提供有效的技术、人力、装备支撑。全国乡镇街道建有基层综合应急救援队伍 3.6 万余支、105.1 万余人，②例如，2022 年，在上海市浦东新区首个由社会组织共同发起、资助、运营的常设型应急物资储备库暨资源调度中心正式启用。首批由浦发公益基金会资助的价值 11.4 万元应急物资已顺利入库，并由浦东鸿鹄应急保障服务中心负责日常管理。当期资助的物资共 50 项，主要为应急类工具和小型工程设备等，预计可用于约 10000 人次的应急救援服务和提供临时性解难济困。③

四　参与方式不断创新

党的十八大以来，应急管理部门不断改变应急管理工作理念，创新社会组织参与方式，多角度、全方位地激发和满足社会组织参与需求。

---

① 王勇：《应急救灾这十年：社会公益力量在积极参与中迅速成长》，《公益时报》2022 年 10 月 11 日，第 5 版。
② 中华人民共和国中央人民政府：《应急管理部关于印发〈"十四五"应急救援力量建设规划〉的通知》，2022 年 6 月 22 日，http://www.gov.cn/zhengce/zhengceku/2022-07/01/content_5698783.htm。
③ 宋宁华：《危难之处显身手！浦东新区建立全市首个常设型社会组织应急物资储备库和资源调度中心》，新民网，2022 年 7 月 24 日，http://news.xinmin.cn/2022/07/24/32204684.html?continueFlag=0348d9a3d15d7679998a41ae67663564。

111

随着我国社会主义市场经济的不断深入发展，公共服务市场化的不断健全，以市场作为配置资源重要手段的意义得以彰显。在应急管理中，事实证明，单纯依靠政府单一主体还不能完全满足应急管理的全部需要，还需市场化的社会组织参与。党的十八大以来，推进社会组织市场化提供应急服务的步伐逐步加快，不断加快制定和实施政府购买应急服务等相关政策，执行效果显著增强。鼓励社会组织积极参与应急管理，不仅仅依靠行政力量、政治动员来推动，同时也运用市场手段，依靠市场机制、集结社会资源来共同推进应急管理服务需求和供给资源有序衔接，最大限度地激发了社会组织参与应急管理工作的能动性。例如，党的十八大以来，开展救灾募捐的社会组织的范围不断扩大，2013 年，民政部发布的《关于四川芦山 7.0 级强烈地震抗震救灾捐赠活动的公告》明确提出，个人、单位有向灾区捐赠意愿的，提倡通过依法登记、有救灾宗旨的公益慈善组织和灾区民政部门进行，捐赠以资金为主。2021 年，河南等地发生水灾后，民政部 7 月 21 日下发通知，要求各地民政部门要在党委、政府统一领导下，引导和支持慈善组织通过建立专项基金、设立慈善项目、发动社会募捐等方式，积极参与对受灾困难群众的救助帮扶，同时要加强对慈善组织的指导和督促，确保捐赠资金、物资及时足额发放，做好信息公开。[①] 此后，多方社会组织在灾害发生后第一时间发起资金募集活动，社会各界捐款捐物，提高了救灾的效率。

面对日益复杂的社会治理工作，需要构建集结全社会力量去进行有效回应、行动和不断调适的机制。党的十八大以来，社会治理格局强调"党委领导、政府负责、社会协同、公众参与、法治保障"，在这种格局下，为了更好地在应急管理中增进政府、社会组织等多主体在应急行动中能够充分互动、高效利用各项资源、实现优势互补，社会组织参与应急管理工作逐步转变为网络化协同方式。

[①] 中华人民共和国民政部：《湖南省开展专项募捐驰援河南》，2021 年 7 月 29 日，https：//www.mca.gov.cn/article/xw/dfdt/202107/20210700035697.shtml。

第三章　新时代我国社会组织参与应急管理的发展成效 ◀

在突发公共卫生事件、地质灾害、环境污染、社区管控等应急管理事项中，各社会组织协同党政部门、志愿者组织、企业等多方力量聚焦于协助维护秩序、生活物资采购、便民服务、信息预警、物资捐赠、心理援助、健康指导和紧急救助等应急管理工作，社会组织参与应急管理已由分散的"单打独斗"逐步转变为"协同配合"。例如，北京市先后成立了安全生产联合会、安全生产技术服务协会、安全文化促进会、职业病防治联合会、安全生产科学技术促进会、安全生产青年人才促进会、安全科学与工程学会7家市级安全生产社团组织，这7家市级社团和17家区级社团基础信息库，建立联席会议制度，不断扩大安全生产社团组织"朋友圈"，形成"一家缴费，多家服务"的会员共享机制；应急志愿者组织与全国30余个省市（含地级市）的近500支应急志愿者组织建立了工作联系。①

建设高质量的社会组织参与应急管理的协作网络，有效地促进了应急管理资源的高效汇聚，同时促进了枢纽型社会组织在应急管理中"传、帮、带"作用的有效发挥，进一步提升了社会组织与其他多方力量间的信息共享与技术共享。2020年以来，"京鄂 iWill 志愿者联合行动"、上海大鱼的"社区防疫互助网络"和广东千禾的"社区互助防疫计划"都已成为社会组织参与应急管理网络化协同的典型代表。

五　参与难点不断破解

党的十八大以来，各地区、各有关部门认真贯彻落实党中央、国务院决策部署，不断破解社会组织参与应急管理的难点，使社会组织参与应急管理推动应急管理事业改革迈上新台阶。

社会组织参与应急救援能力提升的问题。社会组织参与应急救援活动为其参与应急管理的主要活动之一。随着社会组织参与活动的不断向

---

① 车广杰：《中国社会组织报告（2020）》，社会科学文献出版社2020年版，第209—224页。

前推进以及政府日益重视社会组织的培训工作，社会组织参与应急管理能力显著提升，部分社会组织逐渐具备参与复杂的救援活动的意愿和能力。根据应急管理部2022年6月发布的《"十四五"应急救援力量建设规划》披露，目前在民政等部门注册登记的社会应急力量1700余支，计4万余人。虽然对于参与航空救援、工程抢险、勘测保障等复杂作业活动的力量较为薄弱，但是其中部分社会组织在配合政府主体救援力量参与地震、台风、暴雨、干旱、森林（草原）火灾等灾害中已能够发挥重要的辅助作用。在应急管理部等职能部门统一部署下，开展了一系列培训活动，例如，2022年9月6日，全国骨干社会应急力量培训在云南省森林消防总队训练大队正式开训。

社会组织参与应急力量布局不够均衡的问题。参与应急管理的社会组织，以往绝大多数集中于东部沿海发达地区及发达城市，其被接受培训和教育的机会较多，在技术装备方面也具有优势。在《国家综合防灾减灾规划（2016—2020年）》《"十四五"国家应急体系规划》等政策引领下，我国已开始综合考虑社会组织参与应急力量的均衡性问题。为此，一是引导中西部等经济欠发达地区参与应急管理的社会组织建设发展；二是扶持参与应急管理的社会组织在乡镇、农村、基层开展建设和持续发展；三是鼓励四川、云南、西藏等地质灾害多发地区建设社会组织专业救援力量。例如，《四川省"十四五"应急体系规划》中指出，四川省组建48支省级应急救援队伍，推动建立军地、企地、区域应急协同联动机制，基本形成国家综合性消防救援队伍为主力、专业救援队伍为协同、解放军和武警为突击、社会力量为辅助的应急救援力量体系，制订实施《四川省应急救援能力提升行动计划（2019—2021年）》，加强救援基地建设和队伍装备配备，应急队伍遂行灾害事故抢险救援能力得到明显提升。

社会组织参与应急管理保障完善的问题。社会组织参与应急管理的身份、人才保障及资金保障，长期为社会组织参与应急管理所遇到的重大瓶颈。《关于改革社会组织管理制度促进社会组织健康有序发展的意见》《中共中央、国务院关于推进防灾减灾救灾体制机制改革的意见》《应急管理标准化工作管理办法》《"十四五"国家应急体系规划》等政策，对其进行了解释和规划。尤其是明确了社会组织参与应急管理的"重要辅助作用""对国家综合性消防救援队伍的支撑协同作用进一步突显"。也明确指出了对社会组织参与应急管理的财政税收支持政策和人才政策，鼓励向社会组织购买应急管理服务。这些政策为后续进一步完善社会组织参与应急管理奠定了坚实的基础。

六 参与队伍不断增加

党的十八大以来，社会组织成为我国应急管理队伍的一支重要力量，为应急管理高质量发展作出了积极贡献。

社会组织紧紧围绕党和政府顶层设计各项应急管理政策，认真落实关于社会组织参与的定位。当前，社会组织因自身的组织灵活性和服务意愿的志愿性，已成为国家治理体系中的重要力量，在填补现有应急管理主体力量、资源缺口等方面发挥着不可替代的辅助性功能。随着市场经济体制改革的不断深入和日益复杂多变的应急管理形势，政府为维护社会组织的持续发展，为促进社会组织应急能力的增强创造了良好的环境。

同时，政府对社会组织的发展进行有效监管，准确、及时把握社会组织发展动态和参与应急管理运行状况。在突发性自然灾害、事故灾难或公共卫生事件应急过程中，对于每次社会组织应急管理参与的表现，各级各类部门制定应急预案中社会组织调动加强评估检查，及时制定具体指导措施，对稳定社会组织参与、形塑社会公众对社会组织参与应急管理的良好预期发挥了重要作用。截至目前，社会组织的专业应急救援力量体系基本形成。在民政等部门注册登记的社会应急力量有1700余支，计4万余人，发挥其志愿公益、贴近群众、响应迅速、各有专长的优势，参与山地、水上、航空、潜水、医疗辅助等抢险救援和应急处置工作，在生命救援、灾民救助等方面发挥了重要作用。据不完全统计，2018—2020年，全国社会应急力量累计参与救灾救援约30万人次，参与应急志愿服务约180万人次，已逐步成为应急救援力量体系的重要组成部分。[①]

七　参与范围不断扩大

党的十八大以来，社会组织参与应急管理的范围不断扩大，已涵盖应急管理多阶段、多流程、多类型和多场景。通过制定较为完善的法律规范，明确社会组织的准入资质、登记与管理限制、激励退出等相关机制。通过各种方式，提升了社会组织参与应急管理的能力与参与的工作质量。

社会组织参与了应急管理的多阶段。据不完全统计，我国各类社会救援组织有4000多家，但真正具有专业水平的社会救援组织约为800家。[②] 即便如此，社会组织在应急管理各阶段依然发挥了重要的作用。在预防与准备阶段，社会组织参与应急预案逐步完善（如前文所述），部分社会组织拥有应急管理丰富工作经验以及具备参与志愿精神的组织领导者，部分社会组织添置了较为齐全的应急救援专用装备；在预警与监测阶段，社会组织能够利用贴近基层的优势，对于突发事件、反常现象以及风险因素进行观测和反馈，发挥寻求救援最佳时点的功能，有效减少应急管理的成本；在处置与救援阶段，参与应急管理的数量、领域均呈现扩大化的趋势，参与的活力和主动性均得到释放；在恢复与重建阶段，社会组织积极响应政府号召，积极参与组织各种捐助活动。

社会组织参与了应急管理的多流程。社会组织参与了各级各类应急

---

① 中华人民共和国中央人民政府：《应急管理部关于印发〈"十四五"应急救援力量建设规划〉的通知》，2022年6月22日，http://www.gov.cn/zhengce/zhengceku/2022-07/01/content_5698783.htm。

② 中华人民共和国应急管理部：《如何推动社会救援力量发挥更大作用？代表委员有话说》，2019年3月12日，https://www.mem.gov.cn/hd/zxft/201903/t20190312_245143.shtml。

第三章　新时代我国社会组织参与应急管理的发展成效

管理预案的制定，同时按照国家出台的相关政策，社会组织也积极参与了应急管理相关标准的制定。在应急管理各项工作的具体实施中，包括前文所述的四个阶段，社会组织在其中发挥了重要的作用。应急管理体系建设越来越重视对应急管理过程及应急管理执法的监督，在《应急管理综合行政执法技术检查员和社会监督员工作规定（试行）》等政策中也明确指出要把社会组织作为重要的监督主体，以保障应急管理工作的合法有序开展。同时，社会组织作为应急管理全过程的第三方监督者，在募集款项、救灾资金发放、现场救援效果保障等方面发挥了积极的监督作用。

社会组织参与了应急管理的多类型。目前社会组织已经全面参与包括自然灾害、事故灾难、社会安全事件、公共卫生事件4个类别的应急管理，参与效果明显。例如，2022年8月，重庆大量社会组织及志愿者随同大量消防、武警官兵投入灭火、运送物资、制作隔离带等工作中，在不到一周的时间内将山火扑灭，创造了奇迹。2022年以来，社会组织积极参与突发公共卫生事件的处置，各级慈善组织、红十字会通过捐款捐物、加强物资的调配、充当社区志愿者等方式纷纷献出爱心。

社会组织参与了应急管理的多场景。应急管理工作越来越注重场景化，及应急管理的精准发力。应急管理工作重视从"分散管理"转向"整体协同"的一体化治理体系建设。社会组织积极协助政府作出与灾情、险情变化相适应的信息搜集与辅助决策。在诸如危化品生产运输、社区应急、突发事件网络舆情、民生设施故障等应急场景中，基于对灾情、险情的理解和信息获取，积极参与提升应急预案的运用效果，同时基于市场化采购等方式与政府应急部门进行合作，根据应急管理实践，开拓更多满足协同处置的应急场景。

八　参与标准不断提高

党的十八大以来，积极加强和改进社会组织参与应急管理的各项标准，在提升其参与效力方面发挥了积极作用。特别是应急管理部组建以来，认真贯彻落实习近平总书记关于应急管理重要指示批示和标准化战略重要论述精神，社会组织参与应急管理的标准建设得到加强。

运用标准化建设促进应急管理建设。努力促进推进适应"全灾种、大应急"要求的标准化建设。大力开展标准化工作调查，旨在减轻应急管理参与负担，应急管理参与秩序取得明显成效。先后出台了《应急管理标准化工作框架方案》《应急管理标准化工作管理办法》，积极创新应急管理标准化工作方式，标准化建设重点由原来"分散定制"逐渐转变为"统筹规划"，创新实现与应急产业的交叉、融合等行之有效的制定方式，运用调查、访谈、联合等许多新办法，使标准的制定、实施、管理、修订等一以贯之。

开展多项标准化建设专项行动，有效规范应急管理的秩序及社会组织的参与行为。例如，应急管理部门向国家标准化管理委员会申请获批应急管理"YJ"和消防救援"XF"行业标准代号，明确了标准制修订职责，确保了机构改革后标准化职能的平稳接续；加强急需紧缺标准制修订，有序开展强制性标准整合、实施分析评估和复审工作，累计下达225项标准立项计划、发布标准170余项。截至2022年3月，归口管理的现行有效的应急管理标准共计1080项，其中，国家标准500项、行业标准580项；指导全国安全生产、个体防护装备、消防、应急管理与减灾救灾等专业标准化技术委员会及其分技术委员会的换届或组建；组织录制"应急管理标准云课堂"，每年汇编出版《中华人民共和国应急管理标准汇编》，在安全生产月、全国消防日、全国防灾减灾日、世界标准日等重大节点期间，组织开展相关标准集中宣贯，营造"学标、知标、用标、达标"的社会氛围。[①] 基于此，社会组织在参与过程中积极转变了工作方

---

① 中华人民共和国应急管理部：《应急管理部政策法规司负责人就〈"十四五"应急管理标准化发展计划〉答记者问》，2022年5月6日，https://www.mem.gov.cn/xw/yjglbgzdt/202205/t20220506_413026.shtml。

式,大力强化与标准相衔接的应急服务。把与社会组织参与密切相关的技术标准以及准入、执法、培训等标准公开,进一步增强应急管理参与的透明度。同时,拓宽了在应急装备提供、应急车辆通行、应急技术救助等领域的参与,规范了应急管理行政部门的行政行为,改善了参与环境,维护了社会组织的合法利益。

九 参与品牌不断形成

党的十八大以来,在应急管理体制、机制不断完善的同时,不断增强社会组织的自身建设,社会组织通过一系列实践活动证明了其参与应急管理的积极作用,社会组织参与应急管理的品牌逐渐形成,扭转了公众对其参与"雷声大、雨点小""重形式、轻内容""乱帮忙、帮倒忙"形象的认知,扩大了社会组织在公众心中的影响力,提高了社会组织参与应急管理的形象。

为充分发挥社会组织在应急准备、险情处置、平安维稳中的积极作用,各地各部门也加强了对社会组织的扶持力度,开展了诸如"一城一品牌""一区一品牌""一队一品牌"等品牌队伍创建活动。同时,社会组织在应急管理实践中,救援、保障等能力得到了显著提升。其中一些基础条件好,应急管理参与规范化、系统化的社会组织形成了品牌队伍。目前市、区(县)、街道(乡镇)各级已初步打造各自的社会组织品牌救援力量,各自构建了"枢纽型"社会组织参与应急工作方案,充分发挥了这些品牌组织在提供应急服务,提升应急管理水平的作用。例如,"壹基金"已成为社会组织参与应急管理的知名品牌之一。"壹基金"在芦山地震后,建设了8所小学、17所幼儿园、20个避灾运动场、358套钢结构抗震农房,在115所学校实施减灾示范校园,在4个区县建立12个社区减灾中心,在67个农村社区开展安全农家项目,在龙门山断裂带的区域中心城市成都建成了"成都—壹基金"青少年与未来防灾体验馆。雅安重建中"以儿童为中心,建设韧性家园"的经验还持续在云南鲁甸地震、四川九寨沟地震、"7·20"河南郑州等地特大洪涝灾害的灾后恢复重建工作中发挥作用。①

社会组织在参与应急管理实践的过程中，除了形成一批具有影响力的品牌队伍，也形成了一批各具特色的品牌项目。例如，中国红十字基金会的"赈济家庭箱"项目，秉承"一箱救灾物资，一户受灾家庭，一周应急生活"的理念，通过标准化的物资采购和完整的发放体系为受灾群众提供专业的援助服务。"赈济家庭箱"实施十年来已建立起常态化备灾机制，可在灾害发生后12小时内将社会爱心化作受灾群众最急需的物资运抵受灾地区，极大地提高了灾后人道救助效率。基金会提供的数据显示，截至2022年9月底，基金会已向受灾地区发放"赈济家庭箱"240907只，覆盖我国27个省、市、自治区和2个国家。②

通过自发形成的应急管理参与品牌项目，褒奖具有示范带动作用的社会组织参与应急管理品牌项目，通过品牌项目方式更好地调动了社会组织参与应急管理的主动性，已形成了良好的品牌示范效应，激励社会组织在参与应急管理过程中"学标杆、争先进"，不断形成新的优质品牌项目。

十 参与优势不断展现

党的十八大以来，社会组织参与应急管理，进行了系统性重构，成为应急管理体系中重要组成部分，其在技术辅助、行动效率、资源募集等方面的参与优势不断得以充分展现。

虽然社会组织在应急救援等方面所具备的技术与职能部门、专业救援队伍相比还有较大差距，但是社会组织在某些特定领域依然具有较强

---

① 王勇：《应急救灾这十年：社会公益力量在积极参与中迅速成长》，《公益时报》2022年10月11日，第5版。
② 舒迪：《中国红基会紧急调拨物资驰援四川地震灾区》，人民政协网，2022年9月6日，http://www.rmzxb.com.cn/c/2022-09-06/3195883.shtml。

第三章　新时代我国社会组织参与应急管理的发展成效

的专业性，能够有效地弥补救援力量专业性不足的局限，尤其是在成立之初，就对参与应急管理进行清晰定位的社会组织，经过多年发展积累了一定的专业技术，在应急管理中能够提供较为细致精准的技术服务。例如，2019 年木里森林火灾、2020 年四川凉山火灾、南方洪灾之后，社会心理学会、社会工作者协会等社会组织在灾后恢复重建阶段提供了心理咨询与心理救助服务，为幸存者、遇难者家属及亲人，指挥人员、救助官兵、医护人员等一线救援人员及媒体记者，开展心理科普、咨询与治疗、咨询与辅导、心理疗养等活动，有效缓解了其灾后的应激反应，释放了压力、缓解了情绪。截至 2020 年 4 月，全国开通社会工作心理服务热线近 4000 条，热线累计服务 200 余万人次。[1]

突发公共事件的发生，具有突发性、紧迫性、公共性、影响的不确定性、社会性等特性，在各种社会复杂因素的作用下，极易出现叠加效应，对社会的破坏危害程度更高，这对于应急管理体系主体的快速反应提出了更高的要求，社会组织由于根植于基层，组织结构相对简单，统筹协调相对容易，因而在应急管理过程中，在参与应急管理救援等场景下，社会组织往往在第一时间到达事发现场展开相关救援活动，体现了社会组织的效率优势。例如，2022 年，四川 "9·5" 泸定地震发生后，青年应急志愿服务总队眉山支队出动两个梯队行动小组 36 人，作为社会力量应急救援队伍第一时间到达现场，在与指挥部衔接报备后，主动认领救灾抢险任务。[2]

如前文所述，部分社会组织参与应急管理已形成了品牌效应。特别是在国家不断规范慈善募捐机制的前提下，社会组织在慈善募捐方面形成了鲜明的优势，具备募捐资质的社会组织数量庞大且募集迅速，有力

---

[1] 中华人民共和国国务院新闻办公室：《民政部举行 2020 年第二季度例行新闻发布会》，2020 年 4 月 24 日，http://www.charityalliance.org.cn/gov/13523.jhtml。
[2] 牛霄：《泸定地震后，万名应急志愿者冲在前线……》，四川在线，2022 年 9 月 29 日，https://sichuan.scol.com.cn/ggxw/202209/58698806.html。

支撑了各项应急工作。截至2017年9月底，全国共有2442家慈善组织，具有公开募捐资格的有607家。其中，部本级认定慈善组织110家，发放公开募捐资格证书的有61个；据全国慈善信息公开平台的最新统计显示，截至2017年11月20日15时，平台上已汇集了全国2806家慈善组织，其中具有公募资格的697家。[①] 截至2021年年底，全国共有经常性社会捐赠工作站、点和慈善超市1.4万个（其中慈善超市4034个）；全年共有2227.4万人次在民政领域提供了6507.4万小时志愿服务；全国社会组织捐赠收入1192.5亿元，比上年增长12.6%；全国备案慈善信托580单，慈善信托合同规模34.7亿元。[②]

总之，十年来中国构建了具有中国特色的集成"统一指挥、专常兼备、反应灵敏、上下联动"的应急管理体制和应急管理体系。经过转型升级，形成了具有中国特色的社会组织参与应急管理工作体系。社会组织参与应急管理的参与制度不断完善，参与机制不断健全，参与效能不断提升，现代化、系统化的应急管理能力得到了充分的提升。实践证明，社会组织参与应急管理的制度、体系、模式是与中国国情相适应的，并成功应对了多次重大突发公共事件的检验。

---

① 中国慈善联合会：《我国具有公募资格的慈善组织已近700家》，2017年11月22日，http://www.charityalliance.org.cn/gov/10504.jhtml。
② 中国慈善联合会：《全国社会组织捐赠收入达1192.5亿元！〈2021年民政事业发展统计公报〉发布》，2022年8月30日，http://www.charityalliance.org.cn/gov/14497.jhtml。

第四章　社会组织参与地方应急管理的国际经验与借鉴

在应急管理中，社会力量参与是一个较为复杂的过程。从实践来看，地方政府与社会组织合作的水平依然有限。当前我国已全面建成小康社会，经过多年持续不懈的努力，贫困人口已全部脱贫。如何在新时期应对复杂的各种挑战，如何避免因灾致贫、因灾返贫的现象再次出现，同时有效地化解社会各种矛盾提升应急管理水平，已成为摆在各级政府面前的重要课题。社会治理的复杂程度表明需要多元主体、共同参与应急管理。在充分吸纳社会组织参与应急管理的过程中，亟须借鉴其他国家成熟的做法与经验。

发达国家应急管理由于起步较早，经过长期的发展，形成了一套相对成熟的应对突发事件的管理机制，特别是社会组织参与应急管理的措施、策略和法律规范等。在结合我国国情基础上，吸收国外社会组织参与应急管理的有益经验，将会对中国社会组织的发展和参与具有很好的借鉴意义。本章以英国和日本为例，分析其社会组织参与地方应急管理的经验以及为我国带来的启示。

▷▶ 地方应急管理中的社会组织参与研究

第一节　国外社会组织参与地方应急管理的经验

一　英国的经验

（一）英国简介

英国，全称大不列颠及北爱尔兰联合王国（The United Kingdom of Great Britain and Northern Ireland），位于欧洲西部，由大不列颠岛（包括英格兰、苏格兰、威尔士）、爱尔兰岛东北部和一些小岛组成。隔北海、多佛尔海峡、英吉利海峡与欧洲大陆相望。海岸线总长 11450 公里，属海洋性温带阔叶林气候。英国面积约为 24.41 万平方公里（包括内陆水域）。英格兰地区 13.04 万平方公里，苏格兰地区 7.88 万平方公里，威尔士地区 2.08 万平方公里，北爱尔兰地区 1.41 万平方公里。人口约为 6708.1 万（2020 年）。英国是世界第五大经济体，欧洲第二大经济体。英国最高立法机构由君主、上院（贵族院）和下院（平民院）组成。上院议员包括王室后裔、世袭贵族、终身贵族、教会大主教及主教。英国实行内阁制，由君主任命在议会中占多数席位的政党领袖出任首相并组阁，向议会负责。[①]

英国是一个灾害/灾难多发的国家，历史上遭受了洪水、飓风、地震、滑坡、恐怖袭击等事件的侵袭。例如，英国经常发生洪水，突如其来的暴雨和极端天气条件引起的暴风雨是英国洪水泛滥的主要原因，1990 年 1 月 25 日肆虐英国的伯恩斯风暴使该地区陷入混乱，47 人丧生，至少 50 万户家庭断电，总共造成了 20 亿美元的损失；据路透社报道，2020 年英国夏季的热浪已经造成了创纪录的 2556 人死亡，2020 年 8 月初最高气温连续六天达到 34 摄氏度；2018 年 6 月至 8 月，不列颠岛经历了

---

① 中华人民共和国外交部：《英国国家概况》，2021 年，https://www.fmprc.gov.cn/web/gjhdq_676201/gj_676203/oz_678770/1206_679906/1206x0_679908/。

第四章　社会组织参与地方应急管理的国际经验与借鉴 ◀

一场持续48天的热浪，苏格兰和北爱尔兰的气温都超过了30摄氏度，它造成了大范围的干旱，作物歉收和野火发生；1952年12月4日，浓重的烟雾笼罩在伦敦上空，持续了五天，造成至少4000人死亡；2011年飓风"奥菲莉亚"在爱尔兰登陆，该地区遭受飓风袭击，造成3人死亡，超过22000人断电。[①]为了有效应对这些突发公共事件及危机，英国不断优化中央政府与地方政府的合作，此外也选择了与社会组织、公众进行合作应对的策略。在英国的应急管理体系中，社会组织是其中的重要力量之一，其参与的积极性和主动性较高，参与的效果较为明显。如英国慈善委员会等社会组织发展较早，在参与过程中彰显了其人力、物力、财力的雄厚。社会组织参与已成为英国应急管理体系中不可或缺的重要力量。

（二）英国的主要经验

1. 构筑综合应急管理体系

进入21世纪以来，英国基于"系统性抗灾力（Resilience）"（亦被翻译成"韧性"）这一核心概念不断构建和完善其应急管理体系。根据《2004年民事紧急状态法》（*Civil Contingencies Act 2004*）精神，所谓"系统抗灾力"是指全国从社区到企业、从地方到中央对各种破坏性挑战发现、防止、处置、恢复的能力，包括公益组织与各地社群在内的社会力量，构成了英国减灾救灾体制的有机组成部分。[②]目前，英国已经构筑了包含多个机构、多个主体和多个层次参与的应急管理体系。从中央层面来看，包括三级响应模式：第一级是超出地方处置范围和能力但不需要跨部门协调的重大突发公共事件，由相关中央部门作为"主责政府部门"负责协调上下级关系，主导事件处理；第二级是产生大范围影响并需要中央协调处置的突发公共事件，启动内阁简报室（Cabinet Office Briefing Rooms，COBR）机制，协调军队、情报机构等相关部门进行处置；第三

[①] "Natural Disasters In UK: What Are They + How To Be Ready For One", 2021, https://www.moovaz.com/blog/natural-disasters-in-uk/.

[②] 孔新峰：《英国减灾救灾社会参与机制分析》，《社会主义研究》2011年第4期。

级是产生大范围蔓延性、灾难性影响的突发公共事件，启动 COBR 机制，这时的 COBR 是在首相或副首相的领导下进行运转的，决定全国范围内的应对措施[①]。从地方层面来看，同样包括三级响应模式：一是青铜级别（Bronze）——操作级别，是指在紧急情况或其他受影响地区立即采取措施进行应急管理工作，在现场的响应者和机构必须一起行动，在其职责范围内和具体任务中提供可能的支持，并与所有其他机构协调；二是白银级别（Silver）——战术级别，在紧急情况下，于现场附近成立事故指挥中心，确保其与青铜级别采取的行动是协调一致的，以保障效率；三是黄金级别（Gold）——战略级别，汇集相关组织和机构人员成立战略协调小组（Strategic Coordination Group，SCG）（通常情况下由警察机构领导），建立应急管理框架和政策，使战术级别的应对发挥作用[②]。内阁办公室及应急秘书处要求，对于地方政府范围或能力之内的紧急情况，则启动地方应急服务以控制局势。但是，如果紧急情况造成的影响和伤亡更大，则需要中央政府的支持、参与和协调。当紧急情况的影响程度、规模和复杂性相对难以管理时，通过中央政府领导进行协调和应对。英国官方应急机构通常都有自己的管理团队以及组织架构，同时设有畅通的沟通渠道，以便应急机构和支援机构之间能够进行有效的沟通。

在构建应急管理体系过程中，社会应急网络也得到逐步培育和发展。在大规模紧急情况下，地方、中央以及社会组织之间的合作和沟通变得极为重要。英国重视与多元主体的合作，并将其视为应急管理计划成功的合作伙伴，对中央、地方、社会组织及主要职能部门在应急管理中的功能进行了较为清晰的定位，如表4—1所示。

[①] UK Cabinet Office (2009d, March 26), "Management and Co-ordination of Local Operations", April 10, 2009, http://www.cabinetoffice.gov.uk/media/132053/err_chap_03.pdf.

[②] UK Cabinet Office (2009d, March 26), "Management and Co-ordination of Local Operations", April 10, 2009, http://www.cabinetoffice.gov.uk/media/132053/err_chap_03.pdf.

第四章 社会组织参与地方应急管理的国际经验与借鉴

表 4—1　　英国主要应急单元在应急管理中的功能定位

应急单元	应急管理功能
中央政府	首相是应急管理的最高行政首长，相关机构包括 COBR、国民紧急事务委员会（Civil Contingencies Commitment，CCC）、国民紧急事务秘书处（Civil Contingencies Secretariat，CCS）和各政府部门。其中，COBR 是政府危机处理最高机构，但只有在面临非常重大的危机或紧急事态时才启动；CCC 由各部大臣和其他官员组成，向 COBR 提供咨询意见，并负责监督中央政府部门在紧急情况下的应对工作，CCS 负责应急管理日常工作和在紧急情况下协调跨部门、跨机构的应急行动，为 CCC、COBR 提供支持；政府各部门负责所属范围内的应急管理，卫生部等相关部门设立了专门的应急管理机构。
地方政府	具体紧急事件一般由所在地方政府主要负责处理，在紧急事件超过当地政府承受能力的情况下，邻近地区会施以援手。英国各地区都设有区域救灾中心（Regional Disaster Center），建立"金""银""铜"三级应急指挥机制。负责地区灾害预警、制订有关计划和进行应急培训。该机构首脑"紧急规划长官"（Emergency Planning Officer）负责协调包括民间公益组织在内的社会力量，调动各类地方资源处理危机，并向政府部门咨询和请求支援。
职能部门	CCS 充分发挥减灾救灾管理体制办事机构职能。下设评估部、行动部、政策部三个职能部门，负责全面评估潜在和已发生公共危机的程度、规模及影响范围，并发布信息；制订和审议部门应急计划，确保中央政府为有效应对意外事件做好准备。此外，还有一些重要的职能部门如下： 警察厅：负责控制和警戒灾害、事故或事态现场，维持现场秩序，协调各部门工作职责的执行与落实，根据需要做好现场保护工作。现场工作以抢救、保护人的生命为优先。 消防局：负责现场控制、清理与终止，对灾害、事故或事态现场受害人员实施营救和疏散，并确保在现场工作人员的安全。 国民健康事务部：主要负责突发事件中人员的急救、护理、医疗和对公众的健康问题进行专家咨询与指导等。 环保部门：负责保护所在地区的水土资源和大气环境，在发生污染事故时，收集相关证据。 海上及海岸警卫署：负责处理涉及海事的突发事件，包括海上搜救活动，海上污染事故的处理工作。 军事部门：主要提供直接或间接的营救与支援行动，特别是大规模突发事件或影响较大的紧急事态中的应急增援行动。

续表

应急单元	应急管理功能
社会组织	志愿者（包括单位和个人）具有专业技能和设备等方面的丰富资源，是突发事件应急系统中的一支重要力量。地方政府突发事件计划官负责掌握当地的志愿者资源，在平时建立和保持与各类志愿者协会的联系，并将志愿者协会编入"地方政府突发事件应急计划"中，使之具有法律效力。各类志愿者组织平时还要进行突发事件的应急培训及实战演练。

资料来源：根据 GOV.uk、《英国应急管理考察报告》、《中国应急管理》2007 年第 1 期、赵菊：《英国政府应急管理体制及其启示》、《军事经济研究》2006 年第 10 期、孔新峰：《英国减灾救灾社会参与机制分析》、《社会主义研究》2011 年第 4 期资料整理而得。

为了提高不同主体在应急管理中的功能，英国制订了联合应急服务互操作性计划（JESIP），旨在确保相关人员得到培训和训练，以便在各级指挥部门对重大或复杂事件做出反应时尽可能有效地协同工作。此外，确立了多主体在应急管理中的联合作业原则，包括共同定位、沟通、协调、风险共识、共享态势感知等，以增进各主体对于其各自的角色、责任和能力的共同理解，提升应急管理中的协同效果，如表 4—2 所示。[1]英国形成了政府与社会组织在应急管理领域的共治格局。英国为政府和公众提供相应的应对措施和技术保障，有助于公众和社会组织的自我管理，实现公众与政府组织的良性互动，突发公共事件及危机的应对更加有序和规范，弥补政府主体应对力量的不足。

表 4—2   联合作业原则

原则	具体内容
共同定位	使指挥官能够在一个单一且易于识别的位置面对面地履行指挥、控制和协调的职能。

[1] Kevin Pollock and Eve Coles, Interoperability Theory & Practice in UK Emergency Management, *EPC Occasional Papers New Series*, No. 13, April 2015, https：//www.researchgate.net/publication/336719659_Interoperability_Theory_Practice_in_UK_Emergency_Management.

第四章　社会组织参与地方应急管理的国际经验与借鉴

续表

原则	具体内容
沟通	传达与紧急情况有关的清晰、明确及时的信息。有效的沟通是有效联合工作的基础。
协调	整合各应急服务的优先事项、资源、决策和响应活动，以避免潜在冲突、防止重复工作、最大限度地降低风险并促进成功的结果。
风险共识	就风险的可能性和潜在影响以及潜在控制措施的可得性和影响交流信息，在合理可行的情况下确保商定的目的和目标不受损害。
共享态势感知	对紧急事件的情况和直接后果，以及对现有能力和应急服务的优先次序达成共识。

资料来源：根据 Kevin Pollock, *Interoperability Theory Practice in UK Emergency Management*, EPC Occasional Papers. New Series, （2015）资料整理而得。

2. 重视应急伙伴关系建设

现有研究认为，政府与社会力量建立良好的伙伴关系建设有助于应急管理的完善。基于良好的伙伴关系，可以更好地塑造每个组织及其成员在应急管理中的角色及功能。公众通常拥有良好的应对危机意识，同时具有较高的自救他救能力。在很大程度上，调动参与主体及公众主观能动性，可以及时预警发现危机事件，并将危机事件爆发概率控制在较小的范围内，同时通过有效应对形成良好的示范行为，从而进一步提升公众的危机意识和应急能力。一些国家投入大量的精力来组建最有益于提高应急工作效率的伙伴关系及合作模式。

英国高度重视政府与社会组织间应急伙伴关系建设。1998 年 11 月，经英国女王批准，时任首相布莱尔（Tony Blair）、内政大臣杰克·斯特劳（Jack Straw）和全英慈善组织与政府合作委员会（National Council for Voluntary Organization，NCVO）主席斯托（Kenneth Stowe），共同签署了一项具有里程碑意义的协议——《政府与志愿及社区组织合作框架协议》（英文简称：COMPACT）。COMPACT 认为，志愿和社区活动是发展民主和建设包容性社会的根本。志愿团体和社区团体作为独立的非营利组织，为社会带来了独特的价值，并发挥了有别于国家和市场的作用。它们通过提供志愿行动的机会，使个人能够为公共生活和社区发展作出贡献。政府及社区都认同及重视志愿组织在社会上的重要贡献以及在应急管理工作中的重要作用。COMPACT 体现了政府、志愿组织和社区承诺结成伙伴关系，共同致力于改善社会状况，并扶持和支持志愿和社区活动。① 此后，地方政府和全英慈善组织与政府合作委员会共同签署了地方版的 COMPACT——《地方各级政府与志愿及社区组织合作框架协议》，为具体指导政府各部门及各级政府与社会组织之间的合作关系，COMPACT 突出强调如下原则：第一，政府对民间公益组织的资金支持原则；第二，政府在支持民间公益组织的同时确保其独立性的原则；第三，政府与民间公益组织在制定公共政策、提供公共服务上的协商、协作原则；第四，民间公益组织在使用包括政府资金在内的公益资源上的公开性、透明性原则；第五，政府保障各种不同类型的民间公益组织有公平机会获得政府资助的原则。② 2022 年，英国国家准备委员会（National Preparedness Commission）的报告指出，"要让中央政府与地方机构和合作伙伴达到同样的标准，发布更多有关风险和后果的信息，更加努力地'设计适应能力'，让志愿组织、企业和社区充分参与其中"。

英国经过多年发展形成了政府、公众、社会组织和企业全面参与的应急伙伴关系，汇集了地方、国家和社会的应急资源，旨在完善多元应急主体的协调工作，帮助公众准备、应对和恢复突发公共事件及危机。在应急管理中，英国大量的社会组织与政府紧密合作，涌现出了一些较为知名的社会组织。例如，英国红十字会、皇家英国妇女志愿者协会、圣约翰急救编队、皇家国民救生艇协会、国际营救队和英国医生紧急救

---

① UK Secretary of State for the Home Department, *Compact on Relations between Government and the Voluntary and Community Sector in England*, November 1998, https：//www.icnl.org/wp-content/uploads/United-Kingdom_CompactEngland.pdf.

② 孔新峰：《英国减灾救灾社会参与机制分析》，《社会主义研究》2011 年第 4 期。

护协会，等等。为保障参与效果，这些社会组织也均被编入"地方政府突发事件应急计划"中。以2019年的新冠肺炎疫情应对为例，大量社会组织积极协同政府共同应对。例如，英国红十字会为各级政府重要的应急合作伙伴，他们帮助急诊部门的临床工作人员，帮助病人在出院后迅速和安全地返回住所，并为病人提供救护运输车辆，帮助国家医疗服务系统应对新冠病毒，其志愿者还深入到英国各地社区，与其他慈善组织一道提供食品、药品、福利支票和现金支持最弱势的人群；成立于1919年的NCVO，前身是国家社会服务委员会（National Council of Social Service），其为慈善机构、志愿组织和志愿者参与应急管理提供指导和资源，以支持他们在新冠肺炎疫情期间的工作；穆斯林援助（Muslim Aid）为在新冠肺炎疫情期间面临财政困难的人士提供资助，并支持地方组织的应对工作；救世军（Salvation Army）利用其由650个教堂组成的网络，为受新冠肺炎疫情影响的弱势群体提供救助；国家紧急情况信托基金会（The National Emergencies Trust）与英国红十字会合作，为地方慈善机构和基层组织筹集资金，以支持受新冠肺炎疫情影响的公众；英国社区基金会（UK Community Foundations）正在与国家应急信托基金合作，帮助分发通过全国地方社区基金会筹集的资金，以确保资金到达最需要的人手中。①

3. 积极规范社会组织参与

英国作为现代市场经济的重要发源地，其社会组织发展也依然具有悠久的历史。早在12世纪，英国就成立了大量以慈善、公益为目的的民间组织。时至今日，社会组织力量不断发展壮大，不断参与应急管理，与政府形成了融洽的应急治理格局。在2018—2019年度，英国共有163150个志愿组织；截至2020年9月，志愿组织雇用了951611人，占英国劳动力总数的3%；在2020—2021年度，有1630万人通过小组、俱

---

① NAVCA，"VCS Emergencies Partnership"，2022，https：//navca.org.uk/emergencies-partnership-1.

乐部或组织进行志愿服务，超过四分之一的人口经常以非正式的方式参与志愿服务；2020—2021年度，约有一半的人至少参与过一次，几乎三分之一（30%）的16岁以上的人至少为一个团体、俱乐部或组织做过一次志愿者①。

英国社会组织的健康发展得益于对其进行严格规范的管理。英国内政部（Home Office）是对社会组织管理和发展全权负责的主要部门，通过制定相关法律法规、政策对社会组织进行扶持、引导、监督和规范。例如，英国按照其《慈善法》的规定，对社会组织的命名及认定有严格的规范程序。英国政府对社会组织参与社会治理予以一系列的财政支持鼓励，基于《1988年收入和法人税收法》，对社会组织既包括专项拨款，也包括采取税收减免等措施。英国还有专门的基金会，为那些符合条件的社会组织向政府申请税收优惠政策或减免相关税收，其工作效果也是非常明显，每年成功申请的退税都能达到10亿英镑以上。② 超过一半的志愿机构的大部分收入来自公众，来自公众的收入增长了3.5%，达到271亿美元，而投资收入增长了12.3%，达到47亿美元；政府资助占志愿部门收入的四分之一，是仅次于公众的第二大收入来源，特别是社会服务部门从政府获得的资金最多，无论是绝对数额还是占收入的比例；截至2018—2019年度，来自中央和地方政府的资金略有下降，而来自欧洲和国际政府的资金则大幅下降；规模较大的组织从政府获得的收入要比规模较小的组织多得多。③ 在保障基本收入的前提下，英国社会组织能够较为顺利地参与应急管理活动，在诸如救援等活动中提供一定的人力、物资和技术，在一定程度上弥补了政府应急资源的不足。

---

① NCVO，"UK Civil Society Almanac 2022"，2022，https：//beta.ncvo.org.uk/ncvo-publications/uk-civil-society-almanac-2021/volunteering/.
② 李峰：《英国社会组织参与公共服务供给的历程及启示》，《哈尔滨市委党校学报》2015年第7期。
③ NCVO，"UK Civil Society Almanac 2022"，2022，https：//beta.ncvo.org.uk/ncvo-publications/uk-civil-society-almanac-2021/volunteering/.

第四章　社会组织参与地方应急管理的国际经验与借鉴

英国对于社会组织参与应急管理的规定较为详细，不仅指出了社会组织在参与过程中应该承担的角色及功能，同时也指出了社会组织在整个应急管理网络中所处的位置以及如何与政府等其他主体进行协同。2007年5月至7月，英国连降暴雨，内河洪水频发，英国人迎来了1776年有翔实气象数据记载后240年来最潮湿的一个夏季。这场重大洪灾造成13人丧生，4.8万座房屋被毁，经济损失共计32亿英镑。在洪灾救援与灾后重建中，全英各地还涌现出一大批贡献卓著的民间公益组织。如由富于公共精神的四驱动车车主组成的"四驱响应组织"（4×4 Response groups），在洪灾成势的第一时间从各地纷纷出动，帮助受灾地议会及警方，在灾中及灾后开展救援工作，并在恢复重建阶段协助英国红十字会，在饮用水系统遭到破坏的格洛斯特郡（Gloucester Shire）积极运送分发生活用水；"英国救生艇协会"（RNLI）也组成数个志愿者救援队，在洪水中救助近百人；英国红十字会的不少精力和开销也用在英国这次洪灾之中。①

4. 全民参与动员较为完善

英国的应急管理体系体现了典型的多元主体参与特征。既包括各级政府及其职能部门，同时还将社会组织、公众、宗教团体、企业等主体囊括在应急管理体系之中。由于英国慈善事业发展的历史较为久远，参与文化、志愿精神浓厚，因此社会组织、公众参与应急管理较为活跃。英国通过实施《政府与志愿及社区组织合作框架协议》规范了政府与社会组织的合作行为，通过《应急准备》《应急处置和恢复》等相关法律法规，规范了社会组织参与应急管理的权利和义务。② 同时，英国也积极倡导"以人为本"的应急管理，鼓励公众参与应急管理。2019年，英国红十字会的报告指出："以人为本的危机应对办法意味着各组织和系统增强人们在危机时获得个性化资助的能力，提供平等地满足实际需要和社会

---

① 孔新峰：《英国减灾救灾社会参与机制分析》，《社会主义研究》，2011年第4期。
② 黄燕芬、韩鑫彤、杨泽坤等：《英国防灾减灾救灾体系研究（上）》，《中国减灾》2018年第11期。

心理需要的支助,并在人们恢复和重建生活时继续提供长期资助。让人们和社区参与危机规划、应对和恢复的所有阶段,并在法定组织、志愿组织和社区部门组织之间建立密切伙伴关系,以实现这一目标"。① 英国应急管理中"以人为本"的理念深入人心。

形成全民参与应急管理的重要前提是确保充分的信息公开及公众的知情权。英国在信息公开及电子政府建设方面,走到了世界各国的前列。1993 年,英国发布了《开放政府》(Open Government)白皮书,强调把英国建成一个开放、透明、公众参与、可问责的政府。1997 年发布《公众知情权》(Our Right to Know),2000 年通过《信息自由法案》(Freedom of Information Act),通过确立公众获取官方记录和信息的一般法定权利,鼓励政府更加开放和负责。此外,英国于 1999 年开始实施"电子政府"战略,先后发布了《现代化政府白皮书》(Modernising Government White Paper,1999)《21 世纪政府电子政务》(e. gov—Electronic Government Services for the 21st Century,2000)等一系列文件,2017 年启动"数字政府"建设战略,不断加强信息化建设,更加突出以公众服务为中心的服务型政府建设。伴随着相关法律政策的不断完善,公众在获取信息、有效参与公共治理以及监督政府等方面呈现了较好的实践效果。在应急管理实践中,英国也越来越深刻地认识到公众、社会组织获取必要的信息对于其有效参与应急管理的重要性。有效的信息获取、沟通渠道的畅通,可以避免社会恐慌,利于政府和多种社会力量协同治理突发公共事件及危机。2004 年,英国制定了《国民紧急事务状态法》(Civil Contingencies Act,CCA)规定,消防和救援服务作为第一类应急人员有责任准备和应对重大事故,第一类反应者应制定有关安排,向公众提供有关民事保护事宜的资料,在发生紧急事故时向公众发出警告、通知和提供意见,同

---

① British Red Cross, People Power in Emergencies: An Assessment of Voluntary and Community Sector Engagement and Human-Centred Approaches to Emergency Planning, November 2019, https://www.redcross.org.uk/about-us/what-we-do/we-speak-up-for-change/people-power-in-emergencies.

时与其他本地救援人员、公众分享资料，通报处置情况以加强协调。

英国全民参与应急管理建设另一重点则是开展全民应急演练和应急教育。应急演练涉及的主体包括政府、应急职能部门及社会组织。社会组织通常联系应急职能部门，如消防队、警察局、卫生机构等，通过租借训练场所，定期开展火灾、爆炸、公共卫生事件等应急演练活动，以检测社会组织、公众是否具备相应的应急参与技能。各个职能部门、地方政府及相应的社会组织也在其网站上发布关于应急管理的指导，以指导公众提高自救互救技能，有序参与应急管理。英国应急管理培训体系由三部分组成：一是CCS所属的紧急事件规划学院（Emergency Planning College，EPC），主要培训如何协同应对突发公共事件；二是政府部门设立的专业培训学院，主要培训本系统内如何应对突发公共事件；三是私立培训机构。[1] 同时，依托英国的教育系统，将各级各类应急管理教育贯穿其中，通过专业的教师及聘请专业人士教授学生应急知识和技能，从而提升了学生、教师、家长的危机防范意识应对能力和自救能力。英国注重依托现有的平台和教育体系，对公众进行应急管理知识和应急能力的培训。英国已经形成了政府及各级部门、社会组织、企业、公众全民积极参与的氛围。

二 日本的经验

（一）日本简介

日本是位于北半球太平洋以西的岛国。日本的邻国包括韩国、中国和俄罗斯。日本陆地面积约37.8万平方公里，包括北海道、本州、四国、九州四个大岛和其他6852个小岛屿。人口约1亿2528万人（截至2021年7月），居世界第11位。西隔东海、黄海、朝鲜海峡、日本海与中国、朝鲜、韩国、俄罗斯相望。日本是世界第三经济大国，2020年名义国内

---

[1] 佚名：《英国应急管理考察报告》，《中国应急管理》2007年第1期。

生产总值（GDP）约551.1万亿日元。日本位于环太平洋火山地震带，地震、火山活动频繁，是一个自然灾害频发的国家。全球有1/10的火山位于日本，全世界20%以上的6级地震发生在日本。1995年发生的阪神大地震、2004年新潟县中越地震造成重大人员财产损失，引起世界关注[1]。2011年，当东日本大地震（也被称为东北地震）发生。日本在同一年记录了超过30次五级以上地震，其中许多是日本东部大地震的余震，由此引发的海啸造成的汹涌水流所造成的破坏比地震本身更具破坏性，因为它摧毁了许多日本城市，导致15000多人死亡，此外，它还导致福岛县福岛第一核电站的三个反应堆熔毁，引发了世界范围内的广泛关注。

在日本应急管理系统中，在中央层面，日本成为内阁办公室中央灾害管理委员会，作为应急管理系统的最高级别组织机构，负责讨论制订国家灾害管理计划和基本政策等重要事项。内阁任命了一名灾害管理国务大臣，灾害管理局规划灾害管理和规划的基本政策，并对大规模灾害的应对进行总体协调。日本的抗灾对策大致可分为：（1）防灾科学技术研究；（2）加强防灾系统及其设施设备和其他防灾措施；（3）旨在提高国家防灾能力的建设项目；（4）应急措施和恢复行动；（5）改进信息和通信系统[2]。在多灾多难的磨炼下，经过日本全社会的共同努力，已经形成了以政府为主体的集预防准备、应对处置、恢复与重建于一体的社会组织等多元主体参与的应急管理体系。在社会组织参与应急管理实践方面，日本积累了大量的成功经验和具有特色的做法。参与应急管理的社会组织数字不断增加，截至2019年，日本大约有169.2万个志愿灾害管理组织。[3]

---

[1] 中华人民共和国外交部：《日本国家概况》，2021年，https：//www.fmprc.gov.cn/web/gjhdq_676201/gj_676203/yz_676205/1206_676836/1206x0_676838/。

[2] 日本外务省：《灾害预防》，2022年，https：//www.mofa.go.jp/policy/disaster/21st/2.html。

[3] "Number of Voluntary Disaster Management Organizations Japan 2010－2020"，2022，https：//www.statista.com/statistics/1190206/japan-number-voluntary-disaster-management-organizations/#statisticContainer。

(二) 日本的主要经验

1. 社会依赖较为紧密

日本在应急管理中注重政府和社会之间的协同配合，强调社会层面自救与互救的重要性，依托各级自治体及社区，建立了广泛的社会动员机制，形成了自治体组织和社区居民自主组成的团体两种防灾组织。其组织形式多是以自然灾害应对为主，同时涉及技术灾害和管理、恐怖袭击、环境污染等突发公共事件的应急处理。在此过程中，政府还要担任监督者的角色，并给予必要的扶持和帮助。

由于日本自然灾害频发，日本较早注重在基层设立防御灾害的组织，积累了较为丰富的经验。基层各级各类灾害志愿者组织在灾害救援中发挥了重要的作用。1923年的关东大地震中，志愿者在受灾区域建立临时救护设施，设立临时诊疗所，志愿组织通过如"济生会"之类的基金会获得财政支持，在此期间，日本天皇不断向各大财阀家族施加压力，促使一些家族成立了一批慈善基金[1]。此后，日本各地成立了各种自治会，成为应急管理的重要辅助力量。自治会是具有自治性质的组织，由一定区域的家庭和单位参与，主动参与区域性问题的处理。根据日本总务省2013年的调查，全国共有298700个自治会和町内会等地缘团体，几乎涵盖所有的地理区域，是日本最大的社会组织。日本社会中广泛存在居民防灾志愿组织。截至2021年4月1日，在1741个团体中，有1691个团体（97.1%）设立了自主防灾组织。全国的自主防灾组织总数为169804个，自主防灾组织活动覆盖率（所有家庭数中，包含在自主防灾组织活动范围内的地区的家庭数的比例）为84.4%，自主防灾组织的构成人员数为4558万5339人[2]。这些组织在政府财政补助及私人捐助的基础上，对所辖居民开展各级各类的灾害演练及相关技能培训工作。日本在各街区也设置了类似网格化的管理模式，在各街区设有相应的避难所。根据

---

[1] 肖彦：《论志愿者精神》，博士学位论文，中南大学，2014年，第31页。
[2] 日本总务省消防厅国民保护与防灾部：《地方防灾行政的现状（2021年）》，第21页。

2007年日本内阁府《国民生活选好度调查》报告，针对"在社区当灾害发生时最能发挥作用的组织和活动"的问卷调查结果显示，除学校、医院、消防署、警察署等公共机构得到最高的得分外，町内会和自治会等社会组织的得分位居第二；根据日本火灾学会的调查，被埋压或困在建筑中、瓦砾废墟中的受灾居民中，97.5%是靠自力（34.5%）、家属（31.9%）和朋友邻居（28.1%）得到获救的。[①] 日本对于各级各类志愿组织参与灾害救援活动，也有严格的资质要求。这是为了保障有序参与救援活动，社会组织需要与官方认可的机构进行有效沟通，获得许可之后方能参与救援活动。

2. 应急教育较为完善

从"二战"结束到20世纪50年代末，日本的防灾能力被战争削弱，这个国家遭受了一系列的大型台风、强烈地震和其他灾害的袭击，几乎每年都有超过1000人丧生。1959年9月的伊势湾台风造成人员死亡超过5000人，是战后死亡人数最多的。它促进了有计划、全面的防灾管理体系的建立，并于1961年颁布了《防灾基本法》。1960年3月颁布了《森林保护和防洪紧急措施法》，随后实施防洪措施和其他旨在提高日本防灾能力的项目。因此，日本在20世纪60年代开始积极加强防灾的物质和体制保障，特别强调防灾。这些努力大大减少了因自然灾害而死亡或失踪的人数，近年来这一数字已降至每年100人至200人。[②]

灾难可能发生于任何地方、任何时间，作用于任何人，行之有效的应对办法乃是需要做好应对。20世纪50年代以来，日本政府开始推行灾害教育。经历了1995年、2004年和2011年的三次重大危机事件之后，日本政府进一步推动了灾难教育。2014年，组织了一个名为"采取行动提高公众对灾害管理认识"的全国性灾害教育方案。日本要求在危机、

---

① 顾林生，马东周：《日本社区应急管理体系建设及其启示》，《中国应急管理科学》2021年第2期。
② 日本外务省：《灾害预防》，2022年，https：//www.mofa.go.jp/policy/disaster/21st/2.html。

灾难、公共卫生和社会安全等方面加强与社会组织的合作，注重培育公众的志愿精神。日本的应急教育由政府、公共机构、学校、大众传媒网络社会组织等共同组成。日本将每年的1月17日定为"防灾志愿者日"，1月15日至21日定为"防灾和志愿者周"，9月1日定为国民的"防灾日"。在防灾日这一天，从中央到地方包括首相在内的各级领导都会参加相应的纪念活动及组织演习活动；在各个相关的其他纪念日期间全国各地会举办各类的防灾讲座、防灾技术和防灾工具推介，以及举办为以往灾难的纪念活动。

　　日本的社会组织积极组织、参与各种应急教育活动，目的是增强社会成员应对灾难的自救他救能力，以及增进应对危机的良好心态与信心，日本社会组织积极参与幼儿园、中小学防灾演练，同时对公众进行有计划地组织、指导、培训，以增强公众自我保护能力。内容覆盖应急管理不同的职能领域，侧重于国民在面对灾害时的自救能力。培养公众应对危机的意识和能力，使政府在突发公共事件及危机中的行动得到高度的理解和尊重。例如，日本京都大学、和歌山大学等在一年一度的校园开放日内会向学生、附近公众宣传防灾减灾知识；家长教师协会（Parent Teacher Association，PTA）积极组织灾害教育课外活动，并与社区展开协作，培养学生、家长、公众在危机中的互助精神，提升其生存能力。日本针对社会组织建立了多种防灾救灾训练项目，都级、市町级和其他应急管理机构也与社会组织联合进行防灾训练。截至2021年4月1日，对自主防灾组织领导的培养、指导研修主要以市町村的防灾主管课、消防本部、消防署等为主体，训练了1146个团体，向866个团体分发了培训手册。对自主防灾组织领导的培训内容包括防灾演习、防灾知识的宣传，以及收集和传达信息、引导居民避难、初期灭火等灾害时的任务等[①]，如表4—3所示。

---

① 日本总务省消防厅国民保护与防灾部：《地方防灾行政的现状（2021年）》，第22-24页。

表4—3　对自主防灾组织领导培训指导情况（市町村数）

项目	消防署·团指导自主防灾组织平时的训练	灾害发生时，自主防灾组织在消防署、团的指挥、命令下进行活动	灾害发生时，自主防灾组织独自活动	培训、指导研修的主体					领导的培训			培训、指导培训的方法		
				消防本部、消防署	消防团	市町村的防灾主管科	警察	其他	通过训练	小册子等的分发	举办讲演会、电影会、恳谈会	举办领导研讨会	其他
截至2021年4月1日	1140	383	1115	714	503	1240	44	179	1146	866	812	663	165
截至2020年4月1日	1134	390	1109	734	512	1244	45	178	1155	860	806	679	163
截至2019年4月1日	1130	403	1098	742	522	1241	42	163	1166	862	797	670	152
截至2018年4月1日	1127	410	1090	760	528	1236	41	169	1183	878	796	661	160
截至2017年4月1日	1129	421	1092	778	536	1226	34	163	1192	877	786	648	157

资料来源：根据日本总务省消防厅：《地方防灾行政の现况》，2022年，https：//www.fdma.go.jp/publication/bousai/资料整理而得。

第四章 社会组织参与地方应急管理的国际经验与借鉴

日本社会组织参与突发事件应对教育培训，提高公众应急管理能力。培养社区居民应急文化，增强防灾、减灾、救灾的能力和应急知识等教育工作。鼓励社会组织对志愿者进行专业培训，包括避灾、医疗预备、危机处理以及灾后恢复技能等方面的工作，发动居民积极主动参与应急演练。正是通过积极有效的应急教育，所以，日本公众在重大突发事件及危机面前，通常能够沉着镇静，进行自救互救的同时，还能够协助政府共同应对危机。

3. 项目合作较为重视

为了妥善应对大规模、广域性的灾害，需要通过加强防灾相关机构之间的合作等，确立广域支援体制，灵活有效地应对。为了迅速、准确地实施跨区域联动，需要事先与相关机构协商，通过签订协议等方式，确定关于救援请求的手续、信息联络体制、灾害现场的指挥体制等各种项目。[①] 以项目合同的方式与社会组织、志愿者进行合作，是日本政府应急管理体系中非常明显的特点。这也是基于社会组织力量不断增强的客观现实。以社会组织储备的救援器材为例，截至2021年4月1日，自主防灾组织持有相关救援器材的比例不断提高：安全帽、防火衣等个人装备品（44.8%）；千斤顶等救助用物资器材（32.0%）；灭火器、水桶等初期灭火用物资器材（42.5%）；帐篷、担架等避难、营救用物资器材（36.3%）；土袋子、蚊帐等防汛器材（20.0%）；急救医疗用套装、滤水器等的救护用资材（27.6%）；视频装置等防灾知识普及用资材（2.0%）；信息联络用物资器材（39.5%）；拥有用于灭火活动的可搬运动力泵的组织为10.7%[②]。

日本的应急管理网络中，政府和社会主体之间、社会主体和社会主体之间、政府和企业之间签订了不同的应急管理项目及合同。这些项目及合同充分顾及了各主体在应急管理中的功能和角色。据日本总务省消

---

① 日本总务省消防厅国民保护与防灾部：《地方防灾行政的现状（2021年）》，第19页。
② 日本总务省消防厅国民保护与防灾部：《地方防灾行政的现状（2021年）》，第24页。

防厅统计，2019 年 4 月至 2022 年 2 月，共有 47 个社会组织与都道府县签订合作协议，签署了紧急救援协定、运输协定、灾后恢复协定和物资协定，其次是 46 个组织签署了广播协定和 42 个组织签署了新闻协定，如表 4—4 所示；市町村与社会组织签订了关于物资供应的协定（1601 个组织）和关于灾后恢复的协定（1531 个组织），如表 4—5 所示。此外，铁路、公路等交通主体，承担了更多的应急救援交通保障工作；供电、煤气、供水等公共事业主体更多承担了灾后民生保障工作。

表 4—4　都道府县灾害时与社会组织签订支援协议的情况

项目		广播协定	新闻协定	紧急救援协定	运输协定	灾后恢复协定	物资协定
2019 年 4 月至 2022 年 2 月	都道府县数	46	42	47	47	47	47
		97.9%	89.4%	100.0%	100.0%	100.0%	100.0%
	签订组织团体数	393	476	1971	660	3756	2099

资料来源：根据日本总务省消防厅：《地方防灾行政の现况》，2022 年 4 月 1 日，https://www.fdma.go.jp/publication/bousai/资料整理而得。

表 4—5　　　　市町村与社会组织签订的应急协定　　　　单位：个；次

项目	广播协定		新闻协定		紧急救援协定		运输协定		灾后恢复协定		物资协定		其他协定		与邮局的支援协定	
	市町村数	支援次数	市町村数	支援次数	市町村数	支援次数	市町村数	支援次数	市町村数	支援次数	市町村数	支援次数	市町村数	支援次数	市町村数	支援次数
2019 年 4 月至 2022 年 2 月	829	-	197	-	1057	-	1045	-	1531	-	1601	-	889	-	1517	-
2020 年	-	132	-	0	-	156	-	11	-	185	-	53	-	12	-	4

资料来源：根据日本总务省消防厅：《地方防灾行政の现况》，2022 年 4 月 1 日，https://www.fdma.go.jp/publication/bousai/资料整理而得。

第四章　社会组织参与地方应急管理的国际经验与借鉴

通过这些项目，重视公众参与能力的培养和应急管理规范化建设，把公众参与保障提升到国家的层次上。东京都制定了《东京都防灾志愿者纲要》，对志愿者、社会组织进行登记审核，对志愿者队伍进行统一指挥、协调调配，确保了社会组织应急救援所需要的物资、人员和设施，减轻了危机发生时的政府救助负担，又能使社会组织参与应急管理保持常态化，保证了"政府—社会—公众"的良性互动。

1995年日本阪神大地震发生后，当地公众及相关志愿组织，第一时间进入灾区展开救援活动，速度上快于政府专业应急救援力量介入。约有170万人的志愿者和数以百计的社会组织投入救援，社会组织搭建全国性的救援网络平台，收到捐款数额高达1731亿日元。对于这次地震，中央及地方政府应急救援力量救援活动明显滞后。如果没有当地公众及社会组织有效、快速地参与，公众的人身伤亡及财产损失将进一步扩大。2012年，由福岛大地震引发了海啸及核泄漏等灾害。这次巨灾也促成了日本抗震救灾社会组织力量的一次大整合。在地震发生后，在各大媒体播放了由民间制作的关于"东日本大地震支援全国网络"的公益广告，一直播放当年的6月底。日本大大小小140多个社会组织参与其中，也包括规模比较大的中央共同募金会、红十字会等一些大型社会组织。在灾后恢复与重建阶段，日本政府与社会组织共同合作、筹集整合资源，最大限度地将受灾害影响最小化。

4. 社会组织参与应急管理的法律体系较为完备

日本有着比较健全的应急管理法律法规体系。例如，1950年的《防灾法》、1960年的《火灾防治法》、1978年的《地震预防法》、1999年为预防技术灾难造成的灾害颁布的《促进危险应急特别措施法》、2001年的《防灾基本法》。2009年，日本制定了《灾害对策基本法》，其中第七条指出：（1）地方公共团体区域内的公共团体、防灾上重要设施的管理者及其他法令规定的对防灾有职责的人，必须忠实地履行法令或是地区防灾计划所规定的职责；（2）除前项规定的人员外，

143

地方公共团体的居民，在防灾上要谋求自救手段，同时，要参加自发的防灾活动，努力为防灾做贡献。它对于灾害防治的理念、应急管理的组织体系、灾害的预警，处置的目的以及规划、应对对策、财政支持、紧急事态处理等方面都做出了较为详细的规定，它是日本应急管理和防灾抗减灾的根本大法。

日本在突发公共事件及危机应对过程当中，经过多次的修订，形成了比较完备的社会组织参与应急管理的法律体系。进入21世纪以来，为了更好地应对地震等自然灾害及突发事件，日本对原有的法律进行了修正，并制定了一些新的法律。日本按社会组织内部治理结构，将其划分为不同的类型：第一种是一般社团法人和一般财团法人；第二种是公益社团法人和公益财团法人；第三种是特定非营利活动法人；第四种是特定公益法人。针对不同类型匹配不同的法律规定，尤其是对其准入门槛、过程管理以及财政税收等方面实行严格的管理。

日本的法律特别强调了社会组织的自治性。《灾害对策基本法》第五条规定："鉴于志愿者开展的防灾活动在灾害中发挥重要的作用，国家和地方公共团体必须尊重其自主性，努力做到与志愿者的通力合作。"第八条也规定："促进自主防灾组织的培育、志愿者从事防灾活动环境的完善、对传承从过去灾害中得到的教训的活动的支援以及其他国民自发防灾活动的事项。"日本的社会组织各种救援行动中，确实如同《灾害对策基本法》所指出的那样，发挥了重要的作用。日本社会组织在参与应急管理过程中的独立性也不是一蹴而就的，也有其发生发展的过程，如表4—6所示。日本社会组织，不仅在救援能力上得到了较大的提升，同时形成了捐赠、政府专项支持以及提供公共服务等多种资金获取渠道。救援能力的提升及资金保障能力的加强，进一步提升了社会组织的自治性。

第四章 社会组织参与地方应急管理的国际经验与借鉴

表4—6　日本《灾害对策基本法》实施后自主防灾组织的定位变迁

年代	背景	自主防灾组织的发展与特点
1955年开始	1959年日本遭受伊势湾台风灾害，1961年11月制定《灾害对策基本法》	地区（社区）防灾意识的萌芽 ·国家《防灾基本规划》作为正式国家公文第一次开始使用"自主防灾组织"的语言 ·这个时期把自主防灾组织定位为谋求有效地开展受灾者救援工作的政府的一个协作组织
1965年开始	中央防灾会议制定《大都市地震灾害对策推进纲要》	通过自主防灾组织培育"地区防灾力"（能力） ·修改《消防厅防灾业务规划》，首次规定作为大都市地震灾害应对措施的一项任务，要建设和完善自主防灾组织 ·1973年5月，编制第一版《自主防灾组织手册》 ·这个时期的自主防灾组织的特点是 ①以地震灾害应对为中心 ②设定在城市地区的灾害应对 ③针对灾害发生初期的减灾效果，提高组织性的应对能力 ④组织化的主要基础是町内会等
1975年开始	1976年"东海地震说"被发表 1978年宫城县近海地震 1982年长崎水害等大规模灾害发生	促进自主防灾组织的组建和环境建设 ·随着自主防灾组织的组建进展很快，政府着手建设自主防灾组织的活动环境，制定了对防灾器材购置进行经费补助和对演练时发生的事故进行补偿的制度等 ·这个时期的自主防灾组织的特点是 ①不仅地震，也把风灾水灾等灾害全盘地放入视野中 ②大都市之外的农村地方政府也需要自主防灾组织 ③活动覆盖率出现地区间的差距等

145

续表

年代	背景	自主防灾组织的发展与特点
1995—2010 年	1995 年 1 月阪神大地震	"地区防灾力"再次被重视 ·修订《灾害对策基本法》，首次法定"自主防灾组织"的培育作为行政的一项工作 ·面向自主防灾组织的培育和强化，具体明确今后培养自主防灾组织的骨干和制定活动方针等工作要求 ·为了促进自主防灾组织的器材购置等，设立国库补偿制度。促进全国性的自主防灾组织联合会的建立 ·这个时期的自主防灾组织的特点是 ①存在活动的地区间差距 ②成为组织的基础的社区在衰退（老龄化） ③被期待的作用是子灾害发生时减轻灾害损失的措施
2011 年后	2011 年发生东日本大地震 2013 年 12 月制定《关于充实加强以消防团为核心的地区防灾能力法律》（简称《消防团等充实强化法》）	促进包括自助和共助在内的综合防灾措施实施 ·修改《灾害对策基本法》，为了提高多样化主体参与的"地区防灾力"，创设了地区居民能够提案的"地区防灾规划制度" ·在《消防团等充实强化法》中，明确规定为了加强地区防灾力，各种主体要贴切地分担任务和相互合作，是重要的。同时也明确充实和加强"地区防灾力"，是政府行政的职责 ·这个时期的自主防灾组织的特点是 ①关于防灾的接班人等人员不足 ②被期待的作用是防灾教育、灾时需要援助的避难困难者援助对策、避难场所的运行等

资料来源：根据日本总务省消防厅：《自主防灾组织手册——社区与安心安全街区建设》，2017 年 3 月资料整理而得。

日本的法律也规定了社会组织在应急管理中的权利与义务。如日本规定各类媒体平台，如果遇到地震等灾情报警，务必将频道即刻切换为灾情预报；社会组织务必与政府以及相关职能进行沟通，受到政府许可方可参与应急管理。

第二节　国外社会组织参与地方应急管理的借鉴

纵观人类历史，伴随着战争、疫病、自然灾害等大大小小连续不断的各种灾难。这些灾难造成了人类物质财富的损毁、文明进程的中断及夺走了无数人宝贵的生命。在人类应对灾难的过程中，积累了大量的宝贵经验，尤其是现当代社会，伴随着科学技术水平的提高，人类转"危"为"机"的能力和实现概率也在不断提高。美国、日本等发达国家在应对灾难/灾害的过程中，不断构建和发展适合其国情的应急管理体系，使其应对能力不断提高，积累了大量的应对经验。1989年，美国公共行政学家斯蒂尔曼（Richard J. Stillman）曾指出"在对危机的处理上，尽管世界各国存在着地域上和意识形态上的差异，但反应是相似的。"[①] 英国、日本的社会组织参与应急管理的实践，可以为我国提供有益的借鉴与指导。

一　建设全方位的应急网络

突发公共事件及危机发生之时，国内外无一例外，公众生命财产安全均会遭受威胁、损害。应急管理是各国政府的重要职能，世界各国应急管理体系的建立及完善，均是为了将公众生命财产损失降低到最小的程度，满足社会正常运行，更好地服务社会治理的需要。从国外的经验来看，应急管理均涉及各个领域、各个部门以及各层级政府之间的响应和联动。政府应急管理能否得到有效提升，在很大程度上取决于政府以及其他社会主体的参与机制和能力。社会组织在应急管理中具有独特优

[①] [美]斯蒂尔曼：《公共行政学》，李方等译，中国社会科学出版社，1989年版，第184页。

势，因此将社会组织纳入政府应急管理的网络，是充分考虑到了社会组织的重要作用。

集结社会组织资源应对重大突发公共事件及危机，构建社会广泛参与的应急体系，是英国、日本等国家实现应急管理目标的重要保证。由于危机发生后具有溢出效应，受影响范围和严重性日益扩大，导致应急管理广泛采用网络协作做法。从英、日两国的实际经验来看，公众和利益相关者对应急管理抱有很高的期望，因此需要通过应急合作网络有效利用资源。在各国现有的应急管理体系之中，政府均为主导性的力量，而社会组织、公众等多元主体共同参与，形成了一个纵向的以政府主导的应急管理体系，横向的以社会各主体全方位参与的应急管理网络，在此网络当中能够发挥应急管理预防、准备、救助、恢复等全过程的活动。

英国为了更好应对突发公共事件及危机，中央政府定义了各级政府的角色，创建了通信的标准格式，并为设备的互操作性和标准化制定了规则。此外，明确了地方的应对机制。当地区性公共危机发生时，一般由当地应急论坛（RRF）联合地区应急小组（RRT）协调当地政府和社会应急志愿组织来应对公共危机。RRF 一般由地区相关的关键机构组成，如当地政府、军队、社会应急志愿组织、公用事业和交通管理机构等。以伦敦抗灾小组（LRT）为例，该小组由一名高级公务员领导，核心部门设有专门的工作人员，负责借调伦敦抗灾伙伴组织，包括急救服务、地方当局、运输运营商、保健部门和应急志愿组织等。在社会应急志愿组织内，设有多个应急小组，由组长负责电话联系组内志愿者。本着"Respond if you can"的自愿原则，接到信息的应急志愿者可选择是否参与，并反馈给组长。确定参加的应急志愿者仍以小组为单位进行管理，在救援现场服从地方政府的指挥。[1] 在应急管理过程当中，英国能够做到预警及信息反馈及时，社会组织与地方政府行动迅速，决策制定有充分

---

[1] 廖垦、黄晓伟、王锐：《英国应急志愿服务的经验及对我国的启示》，《行政管理改革》2012 年第 2 期。

第四章　社会组织参与地方应急管理的国际经验与借鉴

的保障。各个主体之间能够协同配合，并且在最大程度上调动社会各方面的力量和资源，协同应对危机，将政府应对危机管理功能的缺失降至最低，降低救助成本，提升整个社会的协同应急管理能力。

在日本也构建了横向和纵向相互交织在一起的应急管理网络。在纵向层面，构建了中央、都道府县各层级的纵向应急管理体系，其中诸如消防厅等为核心职能部门。如阪神大地震后，日本全国消防机关于1995年创建应急消防援助队，共有1785个消防部队、约两万六千多名消防队员，由紧急指挥支援部队、后方支援部队、急救部队、航空部队、救助部队、水上部队、消防部队、特殊灾害部队8个专业化部队组成，当灾害发生时，根据灾情需要，紧急消防援助部队将派遣部分专业部队或全部救援部队奔赴灾区进行救灾援助活动[①]。这些应急消防援助队作为全国应急管理网络中的一部分，分布广泛，组织严密，专业性强。在横向层面，尤其是市町村层面，成立了各种类型的民间自主救灾队伍、救援团等社会组织，大量的人力、物力、财力资源。灾害/灾难发生后，在官方的动员下，能够迅速投入到救灾抢险过程之中，同时政府与社会组织建立了较为顺畅的信息共享机制，一旦发生灾害能够快速协调进行合作和联动，在日本的应急管理体系中发挥了重要的作用。从参与的实践来看，日本构建了横纵交错的应急管理网络结构，在该结构中既包括传统的应急管理部门及应急管理体系，同时也有效地整合了社会组织、公众等主体，有效调动各方面的力量，形成应对危机的合力。美日两国通过法律、政策等途径，已经与社会组织紧密地连接在一起，构建了良好的公私伙伴关系，形成了较为高效的应急管理网络。与地方政府展开合作的过程中，社会组织拥有着丰富的资源，其参与大都是可靠的。在应急管理过程中，红十字会、慈善团体等社会组织发挥了重要作用，但政府的多元化应急管理体系更为包容，其他的社会组织也被整合到了政府的应急管

---

① 滕五晓：《雪灾考验应急救援机制》，《上海经济》2008年第4期。

理体系之中，从而从战略上形成了全社会共同参与应急管理的态势，社会组织能够在其中更好地发挥作用。同时，在应急管理过程中建立了政府与社会组织的协调互动机制，应急管理协同结构塑造了多元主体系统，加强了全社会对于社会组织的主体性思考。

此外，社交网络的普及使得社会组织能够有效地融入应急管理过程。在发生自然灾害的情况下，受灾地区和未受影响地区之间往往产生信息鸿沟，进一步加剧了混乱。突发公共事件及危机发生时，社交媒体为应急管理网络中的多元主体提供了获取相关信息的途径。社交媒体改变了紧急情况下传统的由政府到民间的自上而下的单项信息传播途径，形成去中心的多点信息传播通道。社交媒体工具已经融入英国、日本等国公众的日常生活中，社交媒体工具可以成为多元主体应对突发公共事件及危机的一个不可分割的重要组成部分。

基于发达国家应急管理网络的建立和完善，可以看出应急管理的有效进行需要全社会共同动员，形成紧密联结的应急管理网络，尤其是吸纳各种社会组织、民间力量的有效参与，这样才能够减少在应急过程中的资源浪费，提升应急管理的有效性，同时最大程度降低应急管理对社会造成的危害和损失。

二 开展全周期的志愿服务

尽管有高度专业化的应急管理系统，但是公众能够在紧急情况或灾难发生时第一时间赶到现场，并且在政府服务停止后很长时间内仍然留在现场。公众往往在帮助受影响者做出反应和恢复方面发挥重要作用。鉴于全球化进程不断加快，城市发展快速以及各国之间的经济竞争日趋激烈，导致全世界国内和国际风险日益增加，随着社会力量的不断壮大，其对更加频繁出现的突发公共事件及危机表现出日益增强的快速回应能力。

志愿精神是社会组织发展的基石。随着经济、文化的不断发展，志愿者服务逐渐成为一种具有共同利益指向、志愿精神和公益精神的象征。

英国制定了建立以《民事应急立法》（Civil Contingencies Act）为指导纲领，以《应急准备》（Emergency Preparedness）和《应急处置和恢复》（Emergency Response and Recovery）为具体指导框架的较为完善的志愿服务法律政策体系。2004年的《民事应急立法》是英国应急规划与民事保护相结合的一项重大贡献。该法案明确要求官方应急机构在应急管理过程中必须协调社会组织的活动。社会组织通过"本地抗灾力论坛"、"策略协调小组"向官方应急机构及人员提供必要的应急资源。英国志愿服务发展委员会（Volunteering Development Council）与政府和在野党合作，对于志愿服务领域的政策和法律制定密切关注并提出相应的指导意见；《英格兰志愿服务基础设施战略》（2004年）概述了政府在发展国家、区域和地方基础设施方面的愿景和战略目标，以便为英国志愿服务提供有效和一致的支持。

与日本注重防灾宣传相类似，英国将每年6月1日至7日设为"全国志愿者周"，以此进行相关纪念活动并展开应急管理教育宣传活动，同时对于作出贡献的社会组织和公民个人进行评选表彰（包括应急管理）。英日两国政府纷纷将志愿者组织和社区居民视为参与应急管理最主要的参与团体。对于志愿组织，都给予经费支持，使其接受专业的培训，能够具备专业的救治能力，这些都有效地提升了其应急志愿服务的效果，而且志愿者组织发展过程中收到了社会各界的物资捐赠及精神激励，提升了公众参与的积极性。

英国、日本都重视自愿精神的培育、志愿者活动的引导，并把志愿服务工作作为应急管理当中的重要组成部分来推动。尤其是注重社会组织在应急管理中，对所属社区应尽责任的分担。为了保证这些活动的充分进行，对社会组织进行大量的培训和教育，都对其参与提供一定财力支持。英国通过EPC提供关于民事保护各方面的课程；通过消防学院（The Fire Service College）向消防队员和其他志愿组织提供消防理论、消防安全和事故应急培训；通过国家警政改进局（National Policing Improvement Agency）制定和提供培训，并向警官和社会组织提供专家咨询。同时，也向公众提供应急管理信息，提升其自救与施救能力。中央及各大城市也建立了应急管理宣教网站，例如，通过公共服务一体化网站（direct.gov），将如何预防灾害，灾后如何向保险公司寻求赔偿，以及帮助社区居民了解一般性灾害的紧急求助电话等信息集成化，同时地方政府帮助社区和居民通过掌握、了解和运用社区内的资源，最大程度使社区居民形成"社区灾害第一反应意识"。[1] 伦敦等地方政府也利用网络资源积极进行应急管理的宣传，如伦敦准备网站（London Prepared Website）提供关于应急管理相关信息及应急管理政策宣讲。

日本自 2007 财政年度以来，消防厅根据坂神大地震的经验教训，建立了国家补贴系统，以为自愿灾害管理组织提供设备，并进一步促进自愿灾害管理组织和其他机构的活动。地方政府也正在建立类似的补贴系统。此外，作为三位一体改革的一部分，国家补贴计划在 2010 年转移了税收来源。2011 年施行的《关于加强以志愿消防局为核心的地区防灾能力的法律》中第二十条规定，国家和省政府应提供必要的援助，以支持地方发展自愿灾害预防组织的努力。为了培育自主防灾组织发展，截至 2021 年 4 月 1 日现在，在 741 个团体中有 1170 个团体（64.2%）设立了对防灾物资器材购买及运营费等的补助制度。2020 年度为 1505 个团体中的 741 个团体（57.7%）实际发放补助金约 35.1 亿日元；741 个团体中 311 个团体（17.9%）设立了对自主防灾组织应急设备支付制度；为 741 个团体中的 187 个团体（10.7%）进行了应急设备支付，经费约为 4.8 亿日元。[2]

三 重视全阶段的社区参与

关于"社区"（community）具有代表性的定义如："一群客观上相互

---

[1] 《英国应急管理体系中的社区建设》，共产党员网，2012 年，https://news.12371.cn/2012/09/24/ARTI1348451406301405.shtml。

[2] 日本总务省消防厅国民保护与防灾部：《地方防灾行政的现状（2021 年）》，第 25 页。

第四章　社会组织参与地方应急管理的国际经验与借鉴

联系的团体或网络能够彼此产生相对持久的社会关系，除了超越眼前的家庭关系之外，且彼此能够定义出关联作为他们社会身份和社会实践的重要事项。"[1] 这表明：一是社区在地理位置上有一定的集聚，因此便于相互间发生实际联系，这对于信息不够发达的情况尤为重要；二是社区的范畴超出家庭范围之外，即在家庭外所构成的人与人之间的关系；三是人与人之间形成的这种关系具有相对的持久性；四是这种关系对于人们社会实践中角色的功能产生了深刻的影响。中国对于社区的理解明显不同于西方。中国的社区更多的是以人口聚集的地理边界为限定，相当于城市里的一种"准行政单位"，多是由毗邻小区构成的。虽然西方的社区不同于中国的社区，但是社区无疑成为各国应急管理体系当中重要的前沿堡垒。因为社区在危机爆发时，对于基层的情况更为了解，能够综合审视公共突发事件及危机的发展态势。各国制订应急计划时将社区应急管理纳入到整体应急管理体系之中，在全国范围内形成若干个"有准备的社区"。

从英国的实践来看，其对于社区参与应急管理建设十分重视。2006年5月5日，英国成立了地方政府与社区部（Department of Local Government and Communities），其职责是促进社区凝聚力和居民平等，以及管理地方住房、城市重建、规划等事务。2018年1月8日，更名为住房、社区和地方政府部（Ministry for Housing, Communities and Local Government）。其主导实施了邻里复兴战略（Neighborhood Renewal）等一系列社区发展项目，旨在更新和重建现有街区基础设施，同时旨在提升社区的治理能力，使社区形成独立自主的治理单元，确保社区的安全、稳定、环保和可持续发展。在社区发展的同时，2011年内阁办公室制定《社区系统抗灾力战略国家框架》（*Strategic National Framework on Community Resilience*），突出了社区在整个应急管理体系当中的重要作用，明确了社区

---

[1] Paul James, Yaso Nadarajah, Karen Haive and Victoria Stead, *Sustainable Communities, Sustainable Development: Other Paths for Papua New Guinea*, Honolulu: University of Hawaii Press, 2012, p. 14.

应急管理中居民、社区、地方政府、组织的分工和角色,同时为社区应急管理制定了相应的指导规则,使社区与国家应急管理系统有机地融合为一体;2018年,内阁办公室又制订了社区抗灾力发展框架(Community Resilience Development Framework),强调通过分享知识、促进独立和集体行动,以及利用公众的知识和能力,支持社区抗灾能力应对机制与公众建立伙伴关系。作为国家安全战略的一部分,其旨在确保社区在应急规划、反应和恢复中发挥核心作用。该框架特别指出:"我们认识到,对紧急情况的反应和恢复首先是在地方一级进行的,除了警察、消防、救援和卫生服务,包括地方政府、志愿服务组织、企业、社区团体和个人也可以参与其中。"英国也支持在社区层面建立应急分享数据库,通过分享社区参与应急管理的典型案例,从而促进社区参与实践;通过定期监测应急参与活动和结果,确定并推广成功的方法来增强社区抗灾能力。① 为了加强个人准备和更广泛的社区参与需要,内阁办公室建立了"社区应急方案模板"(Local Emergencies Plan Template),方便英国社区形成统一的灾害应急管理模式,供社区或社区居民下载。社区或社区居民根据所要求的信息进行填写,帮助社区理清形成灾害应急方案的具体思路;"社区应急方案模板"包括社区风险评估、社区资源和技能评估、应急避难场所地址选取、应急联系人员、沟通联系方式"树状图"、社区中可提供服务的组织机构名称、应急响应机制、社区应急小组会议地点、联络中断的备用方案等。②

日本阪神大地震后,政府开始逐步推行"防灾福利社区事业计划",自1998年开始推动以来,至2004年5月已有183个地区启动了"防灾福利社区事业计划"。③ 日本在长期的应急管理实践中,深刻认识到了政府、

---

① UK Cabinet Office, Community Resilience Development Framework, 2019, https://assets.publishing.service.gov.uk/government/uploads/system/uploads/attachment_data/file/828813/20190902-Community_Resilience_Development_Framework_Final.pdf.
② 宋雄伟:《英国应急管理体系中的社区建设》,《公共管理研究》2013年第1期。
③ 张素娟:《国外减灾型社区建设模式概述》,《中国减灾》2014年第1期。

第四章　社会组织参与地方应急管理的国际经验与借鉴

民间防灾组织、志愿者、社区组织、企业、公众各自发挥着不可替代的作用，务必建立涵盖多元主体参与的应急管理体系。日本特别注重应急管理中社区、居民个人微小单元的自救和他救功能。既强调各个应急主体之间的联动，同时也强调"将自己分内应急管理工作做好，不给其他主体添麻烦"的应急管理理念，尤其重视社区层面防灾救灾机制建设。

四　搭建全天候的协作平台

社会组织需要利用信息技术平台迅速做出反应，协助政府建立多样化的治理体系。西方发达国家纷纷主动在应急管理体系中构建一个能够连接多元主体，实现不同组织沟通需求的有效的、开放的、多元化的应急平台，并在平台过程当中实现了信息的共治共享，使得政府与社会组织以及社会组织之间能够达成信息有效共享，对于应急救援的及时有效进行起到了必不可少的保障作用。

英国重视应急管理协作平台的建设，搭建了政府与社会组织有效协调沟通的应急管理平台。较为著名的有NCVO、全国志愿和社区行动协会（The National Association for Voluntary and Community Action，NAVCA）、志愿者和社区部门应急伙伴关系（The Voluntary and Community Sector Emergencies Partnership，VCSEP）。NCVO代表超过17000个志愿组织、慈善机构、社区团体和社会企业，目前拥有超过6600名成员，超过28万人和超过1300万名志愿者，是英国乃至欧洲最有影响力的志愿组织联盟。NCVO创立于1919年，前身是国家社会服务委员会（National Council of Social Service）。它有四个目标：支持——让慈善机构发挥更大的作用；扩大——与慈善机构和志愿者对话；联系——团结那些希望慈善事业蓬勃发展的人们；进化——嵌入和分享新的工作方式[1]。NAVCA是英国唯一的全国性会员机构，为地方志愿部提供支持和发展服务。近180个NAV-

---

[1] NCVO, About Us, 2022, https：//www.ncvo.org.uk/about-us/.

CA会员分支支持超过20万个地方慈善机构和志愿团体。① 其聚焦于：倡导地方基础设施建设和志愿组织、社区部门建设；与成员组织相互沟通、支持；共同维系志愿和社区部门应急管理伙伴关系。根据2020—2021年度报告，针对新冠肺炎疫情防治，NAVCA从政府获得并分配了超过100万英镑现金，用于201个地方组织的基础设施建设；收集基层未满足需求的信息并为其匹配相应资源；总共回应220多项支援请求。② VCSEP是英国250多个组织的联盟，由地方志愿者、社区团体以及国家和地方慈善机构组成。通过达成合作伙伴关系，旨在确保受影响公众得到他们所需要的支持。2017年，它是由英国红十字会（British Red Cross）和NAVCA共同倡议下成立的。VCSEP倡导在紧急情况下加强政府与志愿和社区部门之间的合作，完善地方与国家之间协调机制，以便更好地联系和支持受影响严重的社区。③ 例如，新冠肺炎疫情应对期间，北安普敦郡地方社区出现了食物匮乏，VCSEP迅速行动协调多方资源，在2020年实现了2500次食品递送，成立了西北安普敦郡食品联盟，更好地为贫困人口、食物匮乏的居民提供服务。这些平台组织几乎在英国每个地区都设有分支及代表，这些代表在地方或区域灾害期间提供协调功能，或者提供直接救援服务，或者积极参与其社区领导应对工作，并作为成员和合作伙伴的主要沟通和协调点，这些联盟发挥了重要的协作平台作用。

如前文所述，日本社会组织参与应急管理需要得到政府及相关部门的许可方能参与。日本社会组织的有序参与，得益于日本政府与社会组织之间构建了较为畅通的、开放的信息平台。1995年，以阪神大地震标志着日本进入"志愿者元年"，以此为契机完善了志愿者参与救援制度，灾害志愿者也被赋予了应有的地位。2004年10月23日新潟中越地震以

---

① NAVCA, What We Do, 2022, https://navca.org.uk/what-we-do.
② NAVCA, NAVCA Impact Report 2021, https://navca.org.uk/impact-report.
③ British Red Cross-Written evidence（RSK0077），2021, https://committees.parliament.uk/writtenevidence/22579/html/.

第四章　社会组织参与地方应急管理的国际经验与借鉴

后，受灾地区的每个自治体都以社会福利协议会为中心设立了灾害志愿者中心。特别是在东日本大地震中，社团作为其运营主体，在全国196个地方设立了灾害志愿者中心。[1] 灾害发生后，灾害志愿者中心会为志愿者准备必要的地图和工具，并对志愿者在灾区的吃、住、行等进行规划。志愿活动结束后，志愿者要将活动结果、关注到的情况、居民的需求等报告灾害志愿者中心，以有利于今后开展活动。灾害志愿者中心的另一项工作是负责接收志愿者，从而在发生灾害时能够顺利输送志愿者到受灾当地开展救灾活动。灾害志愿者中心是出现灾害时顺利开展志愿者活动的基地[2]。2011年3月11日，东日本大地震发生后，由于灾情发生突然，受灾情况严重，造成了大量的人员伤亡，因此日本政府经过研判，决定广泛吸收社会组织参与应急救援。此次大地震中，"东日本大地震支援全国网络"发挥了重要的平台作用。该平台一方面发布日本政府关于救灾急需物资、人力、物力等资源的信息；另一方面与全国企业、民间救援力量予以有效的对接，实现了政府与社会多元主体救援力量之间的有效协同。

由此可见，高效灵活的信息平台是应急管理过程中达成高效参与的必不可少的重要保障条件。多元主体在应急平台当中能够取长补短，发挥各自的专业优势，并且地方性的社会组织能够更多地从联盟性的社会组织那里获得必要的资源，并且通过平台吸取其他平台、其他组织应急管理的经验与教训。

五　形成全覆盖的应急教育

各国重视对于公众的应急管理教育，提高群众对于突发公共事件及

---

[1] 災害ボランティアセンターについて，2017，https://www.hyogo-vplaza.jp/archives/001/201708/%E8%B3%87%E6%96%996-2.pdf。
[2] 蓝建中、吴谷丰：《"想去灾区先登记"——看日本救灾志愿者如何实现组织化》，2013年，http://www.71.cn/2013/0426/711205_2.shtml。

危机应对的能力。英国、日本的社会组织积极组织、参与各级各类应急管理教育活动。对于公民个人而言，离受教育程度、态度及价值观都会影响个体的风险感知程度。而公众个体与政府相比，在风险信息获取上存在着不对称性。同时，组织目标认同程度、信息和通信技术的利用程度以及组织间信任程度都对应急管理网络的可持续性产生重要影响。2018年，FEMA联合资助的国家建筑科学研究所（National Institute of Building sciences）进行的一项独立研究发现，政府在减灾方面投入的每1美元，平均可为纳税人节省6美元的未来开支。[①]

英国和日本都认识到，公众对于应急管理的态度会对应急管理效能造成巨大影响，有效避免危机突发事件对社会造成的损害的重要途径就是加强公众对于应急管理的认识以及提高公众应急知识及相关能力，加强对公众进行应急教育。英国和日本为此设计了涵盖各级教育主体，各类学校的应急管理课程，其主要内容是，一方面宣传应急管理中关于生命至上、做好预防预警准备、志愿服务等理念；另一方面结合突发事件及危机的场景，对各级各类学生及教师培训自救与他救的相关技能。通过这些教育力求能够降低突发公共事件及危机对于公众生命财产带来的各种伤害及损失，将其破坏降至最低的限度。

英国的应急管理教育培训体系主要由三部分组成：一是内阁办公室国民紧急事务秘书处所属的EPC，主要负责全国跨部门、跨地区的综合性应急管理教育培训；二是政府有关部门设立的警察、消防、医疗急救等专业培训学院；三是经过资质认定的各类社会组织和私营机构开展的应急管理教育培训[②]。对于学生主体而言，在学校里开设了相关的应急管理课程，注重对于学生进行应急意识、应急自救互救技能的教育；英国

[①] FEMA, FEMA Strategic Plan 2018 - 2022, 2022, https://www.fema.gov/sites/default/files/2020-03/fema-strategic-plan_2018-2022.pdf.

[②] 国家行政学院课题组：《英国、德国、瑞典应急管理教育培训的主要做法及启示》，《中国浦东干部学院学报》2009年第3期。

第四章　社会组织参与地方应急管理的国际经验与借鉴

地方政府、警察等职能部门，也注重对公众的应急管理宣传教育活动，在其地方政府、职能部门网站上发布突发公共事件及危机应对指南，将灾害/灾难的类型、应对以及职能部门、社会组织、志愿者、公众的角色和作用，加以清晰的说明，同时也欢迎公众通过网络等方式进行咨询、提出相关意见和建议。英国社会组织承担着大量应急科普宣传、政府应急教育信息传递、基础自救他救知识培训等工作。

日本政府主导对境内所有年龄段公众常年开展各种各样的应急管理教育，而这些教育在应对重大灾难时所起到的作用不可估量。在1995年阪神大地震中自救互救的重要性得到充分的体现，97.5%的人是靠自己、家庭和邻居的共同努力获救的，政府系统营救的人员只占2.5%，"大灾中自救互救最重要"成为政府到民间的广泛共识。[①] 这一切成果的取得都离不开日本应急管理教育常态化工作的有效开展。日本社会组织积极投身于应急教育，则是基于自然灾害频发的客观环境。日本社会组织在政府财团的支持下，一般通过编印应急宣传册或通过报纸、杂志、网络等媒体为公众提供相应的应急教育服务。同时重视应急教育"从娃娃抓起"，对于幼儿园儿童、中小学生不间断地传递防灾减灾知识。

英国、日本等国家应急教育的实践证明，构建完善的应急教育体系，充分发挥社会组织在应急管理中的重要作用，提高社会成员的应急意识及应急能力，使社会组织在参与应急管理过程中展现专业技能，使公民个人最大程度地进行自救、实施他救，这是应急管理体系成功的必备基础。

总体而言，英国、日本社会组织参与应急管理主要特点为：一是社会组织提供部分应急管理公共服务和公共产品。实践证明，社会组织作为政府的重要补充，可以有效地提供诸如救援、医疗、心理恢复等应急

---

① 陈世华：《浅谈日本全民防灾教育体系的建立和发展》，《城市与减灾》2020年第3期。

管理公共产品和公共服务，尤其是涉及针对特殊群体的一些个性化服务。社会组织的优势是对社会大众的服务需求比较敏感，能及时捕捉到公众的需要并提供服务。二是社会组织提供基层信息，在西方发达国家，作为公众与政府连接的桥梁，使政府能经常了解公众在公共服务方面的需求及对公共政策的意见和建议。为政府决策提供了依据，一些学术研究团体正成为政府的智囊团，为政府决策提供咨询服务。三是政府和社会组织之间可以达成良好的公私伙伴关系。实践证明，无论是基于项目还是自愿等方式开展的合作，基于良好的信任关系，社会组织的有序参与有助于应急管理整体水平的提升。各地方组织根据当地实际情况和各自特长，确定了共同推进事项的主题。四是社会组织与基层之间有着紧密的联系。西方发达国家大部分社会组织由当地居民组成，一些社会组织的使命也与服务基层公众（如社区）有密切的关系。社会组织根植于基层，服务于基层，可以有效地协助政府开展突发公共事件预警、处置等工作。同时，社会组织能够提供贴近公众生活的服务。提供诸如防止社区暴力、提供心理咨询、化解社区矛盾等有益于应急管理的服务。五是在全社会范围内形成了支持社会组织有序发展的良好氛围。特别是一些大型的平台型社会组织得到了政府、企业、公众的有力支持，同时平台型组织也发挥了其信息枢纽的作用，为社会组织参与应急管理工作提供了便利。

社会组织参与地方应急管理需要各个层面的综合努力。首先，西方政府认识到了自身的局限性，推动社会组织发展和支持社会组织参与应急管理作为地方应急管理系统组成部分；其次，社会组织与政府在应急管理参与过程中，有着各自明确的角色功能和职责，政府与社会组织的合作是基于较高程度的信任。再次，社会组织的有序发展和参与应急管理，离不开健全的法律法规和政策保障机制。最后，社会组织自身建设至关重要，需要从各方面对其予以监督。在应急管理过程中发挥重要作用的社会组织，往往离不开自身健全的内部治理建设。英、日两国的社会组织建设经历了较长时间,公众对其的信任也绝非短期内实现的。社会组织参与应急管理的经验也是从无到有的,在参与的过程当中不断培养自己的相关技能以及找准自己的领域定位。此外社会组织不断加强自身透明度的建设,社会组织在志愿精神的指引下,积极主动参与应急管理活动,宣传公众参与应急管理的思想,营造公众参与应急管理的良好环境。

第五章　我国社会组织参与地方应急管理的改革与创新

　　社会组织参与地方应急管理，是一个复杂的系统工程，必须形成行之有效的、完整的应急管理体系，并在此过程中保障社会组织合法的参与及社会组织参与应急管理功能的发挥。而在应急管理完整的体系之中，必须明确参与主体、参与职能以及应急管理体系的运行机制。现在，越来越多的学者已经达成共识：单纯依靠市场资源进行配置，会出现市场失灵现象；单纯依靠政府这只"看得见的手"对资源进行配置，也会出现政府失灵现象，而公民社会由于自身力量的局限，在提供公共产品和公共服务方面，无法承担如此重任。《中国共产党第二十次全国代表大会报告》指出："拓宽基层各类群体有序参与基层治理渠道，保障人民依法管理基层公共事务和公益事业。"新时代中国应急管理模式及应急管理体系务必转型。在不动摇政府作为应急管理中重要主体的前提下，需要形成多元力量参与的应急管理体系。在既有的应急平台基础上，需要整合多元主体的力量，充分做到有序沟通、有序参与、有效担责。在既有的应急管理阶段中，需要明确纵向政府层级，横向职能部门的功能，同时需要明确社会组织能够有效发挥作用的节点，从准备到恢复阶段，形成具备全要素功能的应急管理体系，从而不断增强对危机社会的管理能力。在应急管理过程中，要正确对待社会组织的管理方式，按照规范化、专业化原则，明确各个主体在应急管理中的权利与义务，确保应急管理过程中有法可依。在应急管理过程中，要坚持民主决策机制，发挥专业研究机构和决策咨询机构的作用，独立开展社会组织和公众参与应急管理活动咨询、培训工作，提高社会组织的参与能力，以及社会组织和公众自身应急管理的能力和水平。本章将从以下四个方面提出对策建议，旨在实现社会组织参与地方应急管理的转型升级。

第一节 应急参与治理理念的确立

一 政府是国家治理机制的供给者

人民代表大会负责制定法律，各级政府是其执行的主体。政府最重要的职能是在治理过程中进行制度及法律设计。中华人民共和国成立以来，以指令性计划和行政手段进行管理，政府充分发挥了在经济、社会、政治、军事、文化等领域建设中的主体性作用。改革开放以来，我国逐渐从计划经济体制向社会主义市场经济体制转变，相应地，我国政府也开始从"全能型"政府进行转变。政府逐渐专注于履行基本职能，政府不再包办一切。服务型政府是我国现阶段政府转变职能的重要目标，其根本目的是进一步解放和发展生产力，建立健全了社会主义市场经济体制，不断提高政府为人民服务、促进经济社会快速发展的能力。经过30年的发展，我国国民经济得到了迅速发展，建立了较为完备的国民经济体系，人民生活水平显著提高，综合国力明显增强。

《中国共产党第二十次全国代表大会报告》指出："全面建设社会主义现代化国家，是一项伟大而艰巨的事业，前途光明，任重道远"。同时也指出，"不断彰显中国特色社会主义制度优势，不断增强社会主义现代化建设的动力和活力，把我国制度优势更好转化为国家治理效能"。国家治理体系和治理能力现代化着眼于现代社会治理体系的建设，既是对传统社会管理模式的创新，也是对现代社会治理理念的更新，昭示着中国治理模式正在发生深刻的变化。《中国共产党第二十次全国代表大会报告》指出："推进国家安全体系和能力现代化，坚决维护国家安全和社会稳定"，"提高防灾减灾救灾和重大突发公共事件处置保障能力，加强国家区域应急力量建设"。人民群众的美好生活在新时代包含着无数个不同情境下个性化的需求，也包含着对稳定、安全的环境及高质量应急管理的需求。显然单纯依靠政府及相关部门，是无法解决多层次、多领域、多角度的社会治理问题。十九届四中全会提出了"建设人人有责、人人尽责、人人享有的社会治理共同体"。必须依靠多元主体的合作治理，才能满足各方面的需要，促进社会进一步高质量的发展。

改革开放以来，伴随着经济发展，社会管理制度也在逐渐发生变化。显而易见的是中国公民社会的发展，政府为公民社会的发展提供了重要的制度保障。经过40多年的发展，如前所述，社会组织出现了迅猛发展的势头，但是整体发展水平仍然有待提高；社会组织与政府在社会治理中进行了诸种合作，社会组织在治理中的作用尚未充分发挥。在全球化、信息化和多元化的时代，国家治理是一个渐进发展的过程。"善治"作为治理的理想状态，就在于它是政府与公民社会一种新颖关系，而善治有赖于公共与社会组织的充分参与。我国政府正处于从重视"管理"转变为"服务""掌舵"，正在进行简政放权的职能转变，目的是使政府从繁杂的社会事务中解脱出来，由统包统揽转向做好顶层设计，充分发挥市场和社会的作用。特别是对政府提供公共产品及公共服务进行创新，其中政府不能够或者是不能够充分满足人民群众需要的那些公共产品和公共服务，可以公平公正地向社会组织进行购买，进而实现整体性的社会治理。在这一过程中，政府的主导地位相对以往，尤其是计划经济时代，不可避免地受到限制。但是同时依然需要政府明确社会组织提供公共产品与公共服务的能力与资质，并进一步规范监督社会组织提供公共服务与公共产品的数量与质量，逐步建立起透明的服务费用支付和监管机制。总体而言，政府在国家治理过程中，扮演更多的是"裁判员"和"掌舵者"的角色，而并不完全是"划桨者"的角色。社会组织与政府合作参与国家治理，是实现双赢的重要途径。

第五章 我国社会组织参与地方应急管理的改革与创新

二 多元主体参与是应急治理的必然要求

当今时代，社会多元化特征日益显现。此种多元化并非只是以往不同民族、不同地域、不同阶层在同一个社会中生存发展，而是意味着其有各自利益诉求，并且相互尊重与容纳合理的利益诉求，同时能够展现在社会中自我发展的力量，并持续对社会发展产生建设性的作用，成为推动社会向更高层次发展的不可或缺的力量。中国社会组织发展具有前所未有的历史意义。社会组织在中国公共事业、环境保护等诸多方面中发挥着越来越重要的作用。中国社会组织根植于基层，成为公众与政府沟通的桥梁纽带，充当社会调节、与居民互动的重要主体；中国社会组织力量不断发展壮大，在服务社会，服务行业、服务公众的层面，促进社会矛盾消解和谐发展的作用日益明显。

在国家治理体系下，社会组织参与社会治理的潜力是十分巨大的。社会组织处于社会的基层，能够非常直观、敏锐地捕捉到公众的各种需求，并且可以发挥中介平台的作用，将这些需求传递给政府。当政府无法提供个性化的公共服务和公共产品的时候，社会组织能够起到查漏补缺的作用，提供更加具有针对性的服务。社会组织在公共政策议程中的重要性越来越高，越来越多地参与、影响政策、法律的制定及执行。

社会组织参与应急管理具有时代的必然性。地方应急管理是指由一组利益相关者共同参与的。一个城市或地区可能受到一个或多个紧急情况的影响，这些紧急情况需要资源用于应对和恢复。政府要充分认识新时代应急管理的复杂性和挑战性，以政府为主体的应急管理体系，面临着前所未有的复杂形势和巨大压力。以往政府"单打独斗"式的应急管理模式必须向多元主体合作共赢的模式转变，即应急管理中主体多元性要得以充分的展现，而社会组织作为多元主体的重要主体之一务必在应急管理体系中得以呈现。近年来，突发公共事件及危机频频发生，给人民生命财产安全带来重大损失。如前文所述，应急管理属于公共产品。

突发公共事件及危机的发生也会对社会组织及其成员的利益造成损害。而突发公共事件和危机的发生往往牵涉众多复杂的因素，单纯依靠政府的力量无法有效应对。应急管理需要多元协作的主体，要改变政府单一主体治理模式，建立全方位的、多层次的社会组织参与服务机制，构建多中心应急治理模式，实现从"政府"到"社会""社会组织"三位一体的合作共管框架，以满足当前应急管理日益增长的多样性需求。应急管理过程中，社会组织具有较强的志愿精神和参与应急管理的意志力，与其他组织进行合作，彼此可以吸纳经验，共同应对危机，同时也可以起到对政府监督的作用。

完善社会组织参与应急管理的法律体系，政府要认可社会组织参与的合法性，给社会组织创造更多的发展空间，鼓励社会组织的发展和壮大，对其发展进行规范和引导，共同促进应急管理的有序化发展，形成一种良好的互动模式，提升社会组织参与应急管理的能力。

三 社会组织参与是地方应急管理网络化新格局的必然趋势

中国在社会治理方面，已经形成了"党委领导、政府负责、社会协同、公众参与"的新格局。各级政府在提供公共产品和公共服务的过程中，已经注意到了自身的局限，但是对于自身在整个治理体系当中居于主导性地位的认识并未动摇，在某种程度上依然存在着治理"上位"的观念。长期以来，公众心目中已经形成了政府处于社会治理的中心地位的认识，虽然社会组织力量已经得到了较快发展，但是直至今天，依然很难赢得公众于社会组织的普遍信任。

从历史来看，中华民族具有乐于助人的优良传统。中华人民共和国成立以来，对于乐于助人、无私奉献等中华民族传统美德积极进行挖掘和弘扬。雷锋、焦裕禄等一批无私奉献的党员干部成为时代的楷模。习近平总书记指出："雷锋精神，人人可学；奉献爱心，处处可为。积小善为大善，善莫大焉。当有人需要帮助时，大家搭把手、出份力，社会将变得更加美好。我国工人阶级应该为全社会学雷锋、树新风做出榜样，让学习雷锋精神在祖国大地蔚然成风。希望你们努力践行社会主义核心价值观，积极向上向善，从'赠人玫瑰、手有余香'中感受善的力量，以实际行动书写新时代的雷锋故事，为实现中国梦有一分热发一分光。"[1]在当代，在志愿精神的引领下，广大志愿者和志愿组织在社会公益事业中发光发热。截至 2020 年 3 月 16 日，我国实名注册志愿者总数达到 1.69 亿人，志愿团体 116.36 万个，累计志愿服务时间 22.68 亿小时[2]。我国的社会组织在为公众提供公共服务与公共产品的同时，充分发挥了助学、助医、助困、助老等方面的积极作用，这与党的十九届四中全会所提出的"幼有所育、学有所教、劳有所得、病有所医、老有所养、住有所居、弱有所扶"崇高目标高度契合。在弘扬社会主义核心价值观的同时，需要社会各主体共同努力，大力培育有丰厚社会资本的公民社会，在公众之间形成更加充沛的志愿精神，为社会组织的发展形成良好的社会氛围，助力社会组织的可持续发展。

《中国共产党第二十次全国代表大会报告》指出："我国发展进入战略机遇和风险挑战并存、不确定难预料因素增多的时期，各种'黑天鹅'、'灰犀牛'事件随时可能发生。我们必须增强忧患意识，坚持底线思维，做到居安思危、未雨绸缪，准备经受风高浪急甚至惊涛骇浪的重大考验。"基于经济发展、地理区位等要素的不同，各级政府应统筹发展应急管理体系，对于面对的各种风险点，进行有效的研判。在所属地域范围内形成常态化的应急管理意识和培育浓厚的应急管理文化。这样，社会组织才能加速发展，更好地融入到应急管理之中。社会组织是一个极为庞大而复杂的体系，它不仅在突发公共事件及危机的应对中发挥着独特的救助作用，可以有效弥补政府力量不足，有效预防和化解危机。

---

[1] 《习近平给"郭明义爱心团队"回信》，《人民日报》2014 年 3 月 5 日，第 001 版。
[2] 杨团、朱健刚：《慈善蓝皮书：中国慈善发展报告（2020）》，社会科学文献出版社 2020 年版，第 5 页。

努力使社会组织在应急管理中持续有效地发挥作用,已成为我国应急管理体制中政府与社会之间良性互动的图景。

培育和发展社会力量、构建应急管理的社会组织参与系统,是一个制度性的问题,需要从政府、社会组织以及公众自身三个方面综合努力。应急管理可以由政府部门、社会组织或联合体的网络组成,并基于网络进行应急管理的分工合作。发达国家政府与社会组织通过签订合作协议、备忘录等途径实现应急管理协调、保证公共资源有效配置。中国亦可以通过这些方式构建、固化应急管理网络。同时,政府需要充分信任社会组织,进一步推动社会组织承担一些应急管理枢纽性职能,制定社会组织参与的相应标准,筛选出一批符合条件的社会组织。要加大简政放权、放管结合改革力度,不断加强社会组织监管和法律建设,建立健全社会组织行政审批的管理制度,引导社会组织依法、规范、有序发展,实现社会组织的自我管理、自我发展和自我监督。

第二节　应急参与协同机制的构建

一　联动机制

"应急管理亟须建立一种联动机制,重点对灾害风险治理的'碎片化'结构进行调整。"① 突发公共事件及危机发生后,按照其波及的范围,往往需要跨区域的管理部门相互协调,这既涉及统一指挥的问题,同时也涉及资源整合与分配的问题。部门边界划分不清晰在紧急状态下会妨碍应急决策的快速制定和执行。这就需要建立一个以政府应急指挥部门为核心的整合多元主体、各种资源的应急管理体系,进行有效的分工与协作,充分发挥应急管理的整体功能。由于政府部门内部横向和纵向部

---

① 文宏:《基于整体性治理理论的灾害风险治理体系优化》,《西北师大学报》(社会科学版)2015年第4期。

第五章 我国社会组织参与地方应急管理的改革与创新

门的设计,必不可免地致使政府应急管理体系存在着条块分割的管理现状,在此过程中,政府系统内各部门应对突发事件时的职责和权力存在多头管理。体制内突发事件的应急联动机制,涉及地方政府各层级、各职能部门之间的协调,以及各种应急管理资源在纵向和横向方面的共享,从实际效果来看,在不同部门之间、不同系统之间形成了一个"信息孤岛",不同部门在应急管理工作实践中往往会受到掣肘,不同级别的资源无法有效整合和统一管理;各部门间由于缺乏相互沟通和信任,使得在联动过程中出现相互推诿或者协调不足的情况,影响应急管理系统的有效性。对于信息的传播沟通以及有效协作带来了天然的障碍,加之其层级节制的管理体制也不够顺畅,导致了应急管理体系的碎片化。而信息的有效整合,保障其传递的畅通、精准,是应急管理决策科学的重要前提。政府必须从顶层设计的角度,对应急管理部门这种条块分割的管理现状进行改变,消除碎片化。通过组织再造,在应急管理体系当中,按照职能一条线、合作一条线进行整合,剔除无效的、分散的应急管理分支,即那些参与度较低的、功能性不强的部门和机构,从而进一步提升应急管理体系的协调性。

构建包含社会组织在内的多元主体的应急网络,一方面从整体顶层设计的视角进行整合,从分散的、割裂的应急管理合作现状转为集中的、整体的管理网络。还要把职能与资源紧密联系在一起,进一步明确机构的定位。对此,需要在政府内部对涉及应急管理部门的政策、法律、组织、协调、指导等方面构建进行整合,以确保突发事件应对时各部门协同运作。另一方面将社会组织等多元主体嵌入到该应急管理网络之中。在该网络中,要充分发挥党、政、军、企业、社会组织、公众各方面的力量和优势,囊括应急管理的全过程,从根本上形成多主体的统一指挥体系,从整体上发挥应急管理网络的韧性,实现网络内资源的系统整合,进而实现各种力量的组织、资源的优势互补,形成合力,更好地保障人民群众生命财产安全及所获得的福祉,为社会有序发展创造重要的前提和保障。

针对应急管理是一种非线性的组织行为，社会组织必须有相应的措施实现政府与社会组织的良性互动。政府要给予其合法地位，让其在应急管理过程中体现自身的责任。要建立政府与社会组织的信息共享机制，搭建政府与社会组织之间的信息交流平台，使应急管理信息能够快捷地传递。政府在一定程度上应放权给社会组织，给予社会组织一定的决策独立性。

二　监督机制

从系统论的角度讲，系统内任何一个局部的、微小的问题，如果不加以解决都会放大到整个系统之中，形成对系统的破坏性影响。而对于应急管理体系而言，监督是其必不可少的一个环节，其对于应急管理网络形成、发展具有重要的意义。需要形成监督的多向链条确保应急管理网络运行的效率。既包括各个组织内部的自身监督，同时也包括组织外部的监督，例如，社会组织对政府的监督，政府对社会组织的监督，公众以及新闻媒体对社会组织、对政府的监督。应急管理全过程都应涵盖在监督的范围之内。目前对社会组织的监督尚不尽如人意，因此应该逐步建立政府监管、行业内监管、第三方评估、舆论监督及其组织内监督的多元化监管体系。

一是实现社会组织对政府的监督。在应急管理过程中引入社会组织等多元主体的监督，有利于提升政府的公信力，更好地培育公民社会。政府有关部门应在《政府信息公开条例》的基础上，制定政府应急管理信息公开政策法规，统一、完善相关程序，明确政府信息公开的主体，对政府的行为加以严格规范，防止政府"全能式""家长式"的处置行为，保障社会组织具备必要的独立性。

二是确保政府对社会组织的监督。监督对于提高社会组织的信任程度和社会影响力，具有十分重要的作用。从前述西方国家构建应急参与社会网络的经验来看，在参与的入口上，普遍重视对社会中组织参与资质的审查。在参与的过程中，极为重视社会组织的透明度与公开性，确保其参与的全过程得到监管。我国对于社会组织的监督，目前是从业务主管部门和登记受理部门进行双重监督，随着社会组织形式的多样发展以及社会组织介入应急管理深度的不断拓展，要使社会组织在公共服务过程中发挥更大的作用，必须建立起多方参与的监督约束机制，形成各部门齐抓共管的工作机制。监督必须贯穿社会组织参与应急管理的全过程，是以对社会组织参与有效性的评估为重要的目标。通过考察社会组织参与应急管理发挥的作用，不仅能够探索社会组织参与应急管理更为有效的途径，而且能够激发社会组织的参与意识，更好地保障社会组织的社会属性，通过其自身结构和内部治理的不断优化，增强社会组织服务社会的创新能力。

本着"谁主管、谁负责"的原则，厘清应急管理的外部监督和内部监督两者之间的关系，才能有效地推进社会组织参与应急管理的成效。在常态下监督社会组织内部的规章制度是否有效得到执行，同时还要对组织内部的财务制度、信息公开等进行相应的规范。保证应急管理中相关的行为规范以及对资源的合理利用，对社会组织的违规行为进行惩罚，对肆意扰乱应急管理的行为进行惩治，防止社会组织侵占公共利益，同时尽力避免社会组织参与志愿失灵。

三是通过互联网、新闻媒体等多种途径进行舆论监督，此种监督与社会组织不存在利益关系，因此在监督过程当中能够更加公正、客观地保证监督。如各级各类媒体可以通过现代信息技术工具及各种APP监督社会组织的活动，增加政府、社会组织的透明度。

三 评估机制

应急管理评估通常是根据应急管理的目的，在客观分析所掌握的数据基础上，对应急管理的效率、应急管理运行的状态进行分析说明和评价。应急管理评估也是对应急管理主体和客体在应急管理中的价值以及所处的状态的一种判断。而这种判断是建立在对评估对象的充分的、客观的、科学的分析过程基础上,评价的结果会为应急管理系统的完善提供重要的参考。对于社会组织参与应急管理的评估,与应急管理体系评估目的一致,本质上是评价社会组织在参与应急管理过程中的表现和价值,其评价结果是为了使社会组织更有效地参与应急管理提供参考。

评估社会组织参与应急管理的主体,可以分为内部、外部评估两大类主体。内部评估主体为社会组织本身,它们在参与应急管理的过程中,可以较为全面地获得参与的详细资料,因而能够更直接地评价其参与应急管理的表现。外部评估主体则为社会组织之外的所有机构、组织、公众和个人:一是政府机构及社会组织的主管部门,它们具有良好的应急管理评价经验和丰富的专业知识,能够对社会组织参与成功与失败的原因,进行较为全面和深入的分析;二是专业的第三方评价机构,它们通常也具有应急管理方面专业的评价经验;三是应急管理中受影响的群体,它们通常接受社会组织提供的应急服务,它们基于提供服务的切实感受能够对社会组织的表现作出较为直接的评价。为了保障评估的客观性,应该建立关于社会组织参与的外部和内部双重评估机制。

政府部门携手第三方成立专门的评估机构,提升社会组织参与应急管理过程的透明度,推动社会组织参与应急管理的良性发展。评估内容应包括社会组织常态化建设以及社会组织参与应急管理的具体表现。对于社会组织参与应急管理,应主要评价其组织领导机构是否健全、救援救助是否标准高效、组织行为是否规范,社会公信力是否充足。在应急管理过程中,社会组织将资金使用、人员培训等多个方面的信息予以公开,便于公众、政府了解其应急管理的工作,为社会组织的评价建立健康的舆论环境,提高公众信任程度。

在评估的过程当中必须明确社会组织负责人的权责范围,并且考察社会组织的目标定位以及整个管理活动是否畅通,尤其是资金筹备机制

第五章　我国社会组织参与地方应急管理的改革与创新

是否完善。其次，还要对社会组织是否具备专业的技术人员，是否具备参与应急管理资质以及参与的效能进行评估，特别是要对社会组织与政府、公众等多元应急主体的协同性进行评估，以确保社会组织能够"扬长避短"，发挥应有的功能。

四　利益表达机制

虽然从现实情况来看，大量社会组织隶属于官方机构或者脱胎于官方机构，或者具有官办的背景，在组织上、人事上、财政上，对于政府有较高的依赖性，其运作也参照了政府的行政化模式。但是这也不能否认社会组织具有明确的利益属性，有维护、追求自身利益的动力。同时社会组织也代表着不同社会群体的利益，具有公共利益的属性，同样也具有维护、追求部分群体利益的动力。社会组织的利益表达，就是社会组织通过合法的方式、合法的程序向合法的诉求主体包括政府、政党、媒体等传递自己的合法利益诉求。这在某些时候是通过影响政治决策系统及公共政策制定来实现的。

需要形成健全的社会组织利益表达机制。社会组织是由个体的人组成的，每个个体都有不同信念、目标和偏好，个体基于共同目标而组合在一起。为了促进社会组织的发展，政府需要防止其冲突的产生和激化，才能保证社会的和谐稳定。中国社会组织的利益表达，包括通过特定的渠道向各级人民代表大会、各级政府及信访部门、应急管理部门等相关部门进行表达，在此过程中必须克服沟通渠道烦琐、沟通手续复杂、沟通等待时间较长的弊端，保障利益表达能够实现预期的效果。社会组织的利益表达也包括公开舆论的表达，通过电视、网络、报纸、媒体等各种媒介有效地传达自己的利益诉求。通过这两种利益表达方式，使政府及应急管理部门能够及时准确全面地收集分析社会组织的思想动态、参与意愿。务必让社会组织拥有充足的利益表达渠道和空间。

为了保证社会组织的合理合法利益，需要培育一个不断发展壮大的、涵盖各级各类领域的社会监督体系。最直接、最便利的监督往往来自于社会组织自身，尤其是在社会组织发展进入新阶段时，对其自律程度进行规范的监督。例如，在阜阳劣质奶粉事件中，如果行业组织及早发挥其监督管理作用，对行业内制假造假等违规行为进行惩处，就能够将危机扼杀在酝酿期，避免严重的危害和恶劣的社会影响。尤其要注重加强欠发达地区和广大农村社会组织的建设。近年来，农村社会群体性事件频发，如江西"南康事件"、湖北"石首事件"、甘肃"陇南事件"等，都反映出了农民主体对于特定利益的诉求，也反映了农村中存在亟待解决的复杂尖锐问题。在这些突发公共事件的管理中，如不能正确处理各个利益群体的利益平衡问题，就会诱发更加严重的社会危机。如果农民或其他弱势群体具有利益表达的渠道，诉诸于特定的社会组织，而这些社会组织又能将其有效地传递给政府及其相关部门，就可以让不满情绪得到及时的纾解。既能够通过合法合理的手段解决其关心的问题，也可以有效地保护自身的合法利益。而当公众和各类社会组织参与应急管理过程中利益表达渠道畅通，则会进一步提高参与热情。

五　责任分担机制

从应急管理的法律设置来看，各级政府及相关部门是应急管理中的主体。从应急管理实践来看，应急管理是各级政府的重要职能之一。每当突发公共事件及危机发生，各级政府及应急管理指挥部门、公安部门、医务部门、应急保障部门、救援部门，农业、环保、民政、电信、电力、水务、能源、部队等多个部门会参与到预警、救援、处置及恢复与重建的全过程之中。政府能够在突发公共事件及危机发生时，进行有效的整合各种资源，从而发挥切实可行的应急管理能力。应急管理无疑是政府应该提供的重要公共服务和公共产品，政府无疑是应急管理中的最重要的主体。

突发事件及危机牵涉的主体众多，涉及社会的多个层面和多个领域，

第五章　我国社会组织参与地方应急管理的改革与创新

对全社会都可能造成非常严重的负面影响,同时按照治理理论,政府也有自身的缺陷,也会出现应急失灵,即政府不是包治"应急管理百病"的灵丹妙药。因此政府并不应是应急管理责任唯一的承担者。包括社会组织、企业在内的多元主体,都应该是突发公共事件及危机共同应对的责任者。

在多元主体之间应该形成明确的责任分担机制。一是界定政府以及相关部门的应急管理责任。在政府层面的应急管理体系之中,务必明确各级政府各职能部门,在应急管理全过程中应该承担的具体责任以及追责机制,确保突发公共事件及危机发生后能够迅速启动追责机制。二是需要界定政府与社会组织等多元主体在应急管理过程中的责任所属。清晰界定社会组织在应急管理中的角色和范围是合作处置突发公共事件及危机的基础和前提。尤其是社会组织在应急管理的预警、准备、应对、恢复与重建等各阶段,应该承担何种任务和责任;在资金、技术、人力等各个环节方面,应该承担何种任务和责任。这些责任的划分是否具有科学性、合理性,是否符合应急管理的实际,都需要予以明确的回答。

在确定各主体责任的同时,必须明确政府是制度的供给者,所以政府应该以高位的姿态承担责任,即承担秩序保障和法律供给方面的责任,在应急管理中无疑是承担主要责任,并不能因为责任的重新划分而推卸主体责任。政府应急管理责任的划分必须改变传统的命令式管理,从"划桨者"转为"掌舵者""服务者",从传统的命令式管理,转向服务型管理和倡导型管理。在明确社会组织参与应急管理责任的同时,社会组织自身也必须摆脱行政命令式的束缚,社会组织更主要的责任应该在于协同参与配合政府部门应急管理。而对于公众而言,其责任主要在于提升应急素养、应急意识以及自救他救的基本技能。在界定多元主体在应急管理中应负责任的同时,责任与权益必须均衡,其责任的设定必须与不同主体在应急管理过程中职责的履行、角色功能的发挥相匹配。

175

第三节 应急参与法律政策的健全

我国目前的应急管理法律体系包括法律、法规、规章以及应急管理预案。主要针对的是以政府为主体应急管理体系当中存在的突出问题，尤其是以政府为应对主体的应急管理体系。显而易见的是，现有的法律法规以及应急预案当中，并没有充分考虑社会组织的角色、地位与作用，尤其是对于社会组织参与应急管理的程序规定较为缺乏，直接影响各项应急预案责任主体落实及为其参与制度空间的设计。应该加快关于社会组织参与应急的立法工作，制定完善社会组织发展的政策法规，确保社会组织能够在法律框架内合法地参与应急管理。

一 完善社会组织参与的法律机制

法治社会的全面发展是社会组织参与应急管理的重要前提。政府应该为社会组织的发展制定出一套较为完善的、规范的法律体系，从法律层面明确社会组织在应急管理治理中的权利和义务，给予其合法的身份，并规定其参与应急管理的处置方式，树立对社会组织参与的尊重和保障。同时，实现政府与社会组织的互动与合作，充分体现其灵活性、自主性及创造性，以更好地发挥其强大的潜力。

一是应逐步健全完善社会组织参与应急管理相关的法律体系。发达国家为了防范各种突发事件制定了许多相关的法律法规。如前文所述，英国、日本较早地制定了关于社会组织参与的法律法规体系，并在突发公共事件及重大自然灾害的实践中不断对其加以完善，使社会组织与政府应急管理结合得更加紧密。

我国目前已经建立了以《中华人民共和国宪法》为根本大法，《国家突发公共事件总体应急预案》《突发事件应对法》为应急管理核心法律，《突发公共卫生事件应急条例》《自然灾害救助应急预案》《生产安全事

第五章 我国社会组织参与地方应急管理的改革与创新

故报告和调查处理条例》《戒严法》等为基本组成部分的法律法规体系，应急管理经历了从无法可依到有法可依的转变。然而，在这些法律中，尚未明确社会组织在突发公共事件及危机中的处理权力，使得社会组织参与主体地位仍不明晰。"在制定和执行各项经济、社会政策时，充分体现志愿服务的要求，提倡和鼓励志愿服务的行为，维护志愿者的正当权益，防止因具体政策不当挫伤人们参加志愿服务活动的积极性。[①]"因此，在修改《突发事件应对法》或增加相关补充法律法规时，应该明确社会组织的参与责任与权益。根据宪法的规定，结合我国国情制定和完善我国社会组织基本制度，针对社会组织的设立、培育、发展、管理、监督等，修改完善现行的登记条例，出台一部统一的、完善的社会组织管理条例，填补社会组织权益保障的法律空白，保证我国社会组织的健康发展。

二是在社会组织发展的基础上，针对社会组织应急管理参与的新变化和新问题制定法律，明确社会组织在应急管理参与中的法律保障。社会组织的自主性与自治性是其在社会管理中必不可少的发展条件，也是社会组织参与社会管理的独立性的根本来源。运用法治思维、法治视野、法治方式管理社会公共事务，完善有关社会组织的法律法规，明确社会组织参与应急管理的范围、责任、途径、方式、内容、程序，使社会组织的行为有法可依。在应急管理中，赋予社会组织参与权力的同时，也必须承担起相应的政治、法律和道德责任。针对社会组织参与应急管理过程中是否体现其资源活动的公益性，是否在参与过程中能够做到行为规范遵纪守法；为消除事件影响、维护社会安全服务是否竭尽所能执行应急管理的分工；是否积极配合政府应急管理，推进应急管理的进程，维护社会秩序稳定等，做好应急管理责任落实和验收的立法工作。

---

① 张勤、张书菡：《志愿服务参与应急管理的能力提升探析》，《中国行政管理》2016年第5期。

二 确立社会组织参与的主体地位

我国目前形成了以各级政府及应急管理部门为中心，组建了公安、消防、电力、供气、供水、市政、医疗等专业队伍，构建了军队、武警部队、预备役的后备突击力量，同时依托高校、科研院所、各级各类智库为决策应援机构，以居委会（村委会）、街道社区、物业、社会组织、公众为辅助力量的综合型应急管理队伍体系。社会组织已经成为我国应急管理体系中的重要组成部分。社会组织就其参与服务建设而言，已经进入到规范化发展阶段。2017年12月1日起施行的国务院第175次常务会议通过的《志愿服务条例》，标志着社会组织参与社会管理迈向标准化正规化。虽然《社会团体登记管理条例》中对社会组织的成立、范围、权利义务、法律地位、资格、活动方式等都做出了规定，但是并未指明具体的场景，还需要明确社会组织在应急管理参与中法律地位、权利与义务，推进社会组织的合法参与，统筹、规范、引导具备应急管理参与能力的社会组织的发展。确保社会组织具有自主性和独立性，使其能够从其他组织不断获取经验，准确地做出决策。为此，一是要颁布社会组织基本法。明确社会组织在应急管理中参与慈善公益事业、提供公共服务、反映居民诉求等方面的法律地位，在治理主体上明确政府与社会组织的关系，在政府的指导下，社会组织应该在法律框架下展开相应的管理活动，贯彻落实好"党委领导、政府负责、社会组织协同、公众参与"的应急管理模式，实现政府、社会组织、企业、公众等各个主体之间平等的合作治理。二是修订《社会团体法》，鼓励社会组织自主开展社会服务，支持鼓励其参与应急管理，充分发挥其在应急管理中的积极作用。三是做好社会组织的入口关和出口关立法工作，对于社会组织的准入标准、归口部门登记、监管主体、评估标准与流程以及解散退出机制，从立法的角度予以明示。保障社会组织合法地参与应急管理活动。尤其要注重对社会组织进行定期的检查，并对社会组织的资质进行评估，以及

第五章　我国社会组织参与地方应急管理的改革与创新　◀◁

考察社会组织信息公开的程度，从而对于社会组织参与行为进行督促，使其符合多元主体应急管理参与系统的要求。引导其进行合理的、制度化的参与，同时有效防范其违法行为的发生。

三　优化社会组织发展的配套政策

应急管理是一个多元参与、理性协同的过程。社会组织参与应急管理既是实现国家治理现代化的题中之义，也是转变政府职能的重要体现。自十八届三中全会提出"要改进社会治理方式，激发社会组织活力"以来，社会组织获得了较快发展，在应急管理中的重要地位也得到了显著提升。在参与应急管理的过程中，需要加快对社会组织专门法的制定和颁布，保障社会组织的自治性和独立性。

当前，我国社会组织与西方发达国家的社会组织相比，在数量上、质量上还存在着一定的差距。既要拓宽公众组建社会组织的积极性和渠道，同时也要让志愿精神与社会组织发展相向而行，起到真正的引领作用，使其在提供公共产品和公共服务方面发挥切实的成效。对于已有符合参与标准的社会组织，给予政策和资金上的支持。

一是应当加强对社会组织的分类指导与管理，一方面是完善对社会组织实行备案制度；另一方面是对所承接的公共服务项目进行有效监管。参与应急管理的社会组织需要做好分级分类管理。一类为环保、卫生、学术等非应急专业类社会组织；另一类则是旨在为应急管理提供服务的专业类社会组织，它们能够在应急管理的某一专业领域发挥自己的作用。在域内社会组织发育不健全，力量不雄厚的情况下，也要欢迎域外的社会组织参与应急管理，因此地方民政部门应放宽登记权限，对异地社会组织注册登记方面进行改革，降低其登记受理的门槛。特别是许多城乡社区社会组织，它们并没有非常规范的社会组织架构，但是在地方应急管理参与能力上依然有较大提升空间。实行分类登记管理，可以有效划分社会组织的类型，整合社会资源，有针对性地选择不同类型的社会组织进行参与。从而便于社会组织应急管理的精准参与，可以达到预防和化解危机的目的。

二是应当加强对社会组织提供政策资金支持。我国社会组织，尤其是民办社会组织大多存在着不同程度的资金短缺。目前，政府财政拨款是社会组织最稳定的收入来源。由于社会组织对外界资金来源高度依赖，因而应急管理参与中经常因为经费紧张而力不从心，这就需要政府加强对社会组织参与应急管理的资金支持。一方面，政府机构应加强对社会公益团体和基金会等税费支持；目前，我国没有针对社会组织专门的税法。按照我国法律规定，社会组织同样也是纳税主体。我国社会组织主要依据《企业所得税法》《营业税暂行条例》进行依法纳税。为了鼓励社会组织发展，西方发达国家都对社会组织采取了税收优惠政策，如美国、日本等国家对社会组织从事应急管理活动等公益相关的活动予以免税，对其所得捐赠款项也根据其公益性质予以免税。我国在《企业所得税法》《公益事业捐赠法》《财政部、国家税务总局关于非营利组织免税资格认定管理有关问题的通知》（财税〔2014〕123号）等法律法规中，对于符合公益性质的相关社会组织及其相关活动，也有给予免税优惠的相关规定。虽然国家针对社团、民办非企业单位和基金会三种类型的社会组织分门别类地推出了相关优惠政策，但仍有许多方面亟须完善。目前对于社会组织参与的登记管理条例，只能仅仅涵盖辖区内，尚未覆盖境外。从社会组织发展的实际情况来看，税收优惠政策对于鼓励社会组织的健康发展确实起到了有益的作用，这也表明了政府对于社会组织支持的决心和态度；另一方面，加大对社会组织应急管理的专项基金支持力度。政府可以建立应急管理专项扶持基金，鼓励符合条件的社会组织发展。资金多少并不是决定社会组织有效参与应急管理的绝对条件，但是在充足资金保障的前提下，社会组织倾向于更有效率地参与应急管理。社会组织有效参与应急管理，主要在于其是否具备自治能力以及相应的技术能力和资金保障能力。从属性上来看地方政府应急管理属于公共物品。

在此种情况下，政府通过为社会组织提供资金购买应急管理的公共物品无可厚非，因此建议增加政府对地方组织的资金投入。由于社会组织的数量规模庞大，政府的财政支持往往不具备持续性；尽管有些社会组织通过提供有限的公共服务能够获取一部分资金，但是常常具有不稳定性。社会组织筹资渠道还比较单一，经费来源主要是开展服务获取的收入，依靠自有资源获取的收入（如租金）以及组织成员缴纳的会费等收入。为了有力地支持社会组织参与应急管理，政府可以通过项目引导、项目激励等方式创造条件，购买社会组织服务，对于能够提供优质服务、公众满意度高的社会组织进行物质奖励。

三是建立政府与社会组织委托—代理关系。委托—代理关系一般用于指代经济学中多主体之间围绕提供服务而做出的权利安排。一般而言，是指某一主体或某些主体为其他主体提供服务（代理人），接受服务的主体让渡出部分权利（委托人），并根据服务的质量和数量给予相应的报酬。委托—代理关系是伴随民主制度产生的，同时是基于专业化的考量。在健全的激励机制及信息相对均衡情况下，代理人能够较好地按照委托人的意图去提供相应的服务，出现机会主义及道德风险的概率也较低。进入新世纪以来，国家加大了对社会组织供给公共产品和公共服务的政府采购力度。2012年，广东省出台《政府向社会组织购买服务暂行办法》，指出"购买服务的政府主体应向社会公开购买服务的有关项目及其内容，符合条件的社会组织平等参与服务供给的竞争选择。"2022年3月，上海市杨浦区民政局首次采用线上模式举办"政府购买社会组织公共服务项目竞标评审会"，致力于提升社会组织参与基层治理的能力，为公众提供带来幸福感的公共服务。在应急管理领域，基于采购等形式，社会组织已经开始提供部分应急管理公共产品，但是由于公共产品的特殊性质，同时也转移了原本由政府承担的部分应急管理责任。社会组织参与地方应急管理，不仅仅是对于政府职能的部分转接，实际是打破政府作为应急管理体系当中唯一主体的地位，弥补政府参与应急管理功能的不足，同时也为政府分担部分财政压力，以使应急管理公共产品的成本更为合理，并且此种公共产品更能够有效地满足社会公众的需求。在突发事件应急管理中，政府可以通过购买的形式，与社会组织建立委托—代理关系，授予社会组织一定的管理权利，从而为其参与应急管理提供激励。在未来，政府采购还应加大对社会组织的辐射，与社会组织建立基于充分信任和激励机制的委托—代理关系，对于政府尚不能有效提供而又比较稀缺的应急管理服务，通过竞标、采购的方式，交由符合资质的社会组织来提供。

当前我国社会组织与政府的关系还比较复杂，政府对于社会组织的政策资金支持还较为欠缺。因此，明确社会组织的宗旨和目标的前提下，政府可通过发展专业队伍、建立人员薪酬、完善社会保障等方式为社会组织提供资金上的支持，以保证其正常的运作，增强社会组织的活力。特别是实施有效的人力资源管理制度，确保社会组织从业人员能力建设，提高社会组织成员的工作积极性，吸引专业的人才加入社会组织，才能够留住人才，才能够使社会组织的专业化服务水平不断提高。

四　筛选社会组织参与的高效模式

为推广社会组织参与应急管理的先进经验和成果，充分发挥做出突出贡献的社会组织的标杆引领作用，引导社会组织树立积极志愿精神和高质量的参与理念，政府可以制定、推行在实践中经过检验的、成熟有效的社会组织参与应急管理模式，特别是紧密围绕"社会组织到底能干什么"这个问题，吸取社会组织取得卓越绩效的具体做法、参与经验和方法、挑战的应对及发展方向，形成系统化、法制化的管理方式、参与程序、奖励处罚、退出淘汰体系。

政府部门可制定社会组织参与应急管理的相关规范与标准。具体的规范包括：务必有序参与，明确社会组织作为政府应急管理的补充力量，应在政府及相关部门的统一指挥和协调下有序参与应急管理工作；应该

第五章 我国社会组织参与地方应急管理的改革与创新

明确社会组织务必在自身能力范围内,去做理性的、实质性的应急管理工作;同时社会组织应该更多的遵循属地为主的应急管理原则,以属地救援力量为主,以抢救生命,保障应急效率为目标;务必尊重救援地区的文化、习俗和宗教信仰,充分保障应急参与过程中对于公众基本权利的尊重;在参与应急管理过程中,需要践行信息公开透明,接受社会多元主体的监督和质询;等等。

政府制定社会组织参与应急管理的具体标准包括:一是专业能力标准,即关于应急管理救援基本知识和专业技能,国家相关法律法规和相关政策以及培训和演练的标准;二是物资准备标准,即根据本组织的专业领域及参与应急管理的定位,需要准备相关应急器械、工具、防护装备的标准;三是应急预案标准,即制定符合本组织专业领域及参与应急管理的定位,包括响应机制、资金筹集使用和设备分配、人员分配及职责分工、与对口管理部门沟通、报备及协调的标准;四是信息搜集与报送标准,即关于信息收集、整理、核实,判断灾难/灾害等级的标准;五是应急响应标准,即根据灾难/灾害等级及本组织的应急预案,应采取何种行动的标准;六是行动报备标准,即属地内开展行动向主管部门报备的标准和域外开展行动向属地外主管部门报备、资源配备准入的标准;七是开展救援保障的标准,即社会组织开展应急救援时,相关部门对于交通管制、安全防护、设备使用、意外保险及工作补贴的标准;八是救援现场指挥及信息反馈的标准,即社会组织到达现场应由何种部门对接、接受何种部门指挥、分配何种任务及固定时段(如每天)反馈工作效果及进度的标准;九是现场参与活动标准,即在现场参与人员救援、群众转移、物资发放及其他救援救助的类型、程序的标准;十是行动离场的标准,即社会组织完成基本救援任务或无力继续承担救援任务或转接其他救援任务时与何种主管部门交接并做离场报备的标准;十一是任务总结及归档的标准,即社会组织在完成阶段性应急工作之后,应进行救助总结与评估、总结经验与教训,主管部门收取并对于参与状况、人员状况、成果状况、案例整理的存档的标准；十二是信息发布的标准，即社会组织参与应急管理全程信息对外发布（包括各种网络媒介）、媒介采访的相关审查、审批要求及标准；十三是捐赠款物公开的标准，即社会组织在参与应急管理期间所接收、使用救灾捐赠款物情况公开的标准。

政府可完善社会组织参与应急管理资质目录，建立全国一体的社会组织参与应急管理情况数据库，汇总社会组织参与次数、参与效果与参与案例等信息。确定社会组织参与应急管理的重点范围及领域：在应急预警与准备、基层矛盾纾解、现场救援救护、基层联防联控等方面可以发挥重要作用；在应急救援、政府和社会沟通、政府和企业沟通、资源募集、联防联控、弱势群体关爱、应急监督等方面可以发挥重要的辅助作用。同时为了培育、扶持社会应急力量发展，充分发挥部分社会组织在应急管理参与中的引领作用，政府可以采用购买等方式采用其应急服务。2021年4月，深圳市应急管理局发布了《深圳市支持社会应急力量参与应急工作的实施办法（试行）》；2021年12月，上海市发布了《上海市应急管理局政府购买服务管理实施办法》。这些办法的发布将有助于进一步促进地方政府应急管理职能优化，改善应急公共产品与服务供给。

第四节　应急参与效率效力的提升

只有既能确保社会组织充分发挥自身优势，又能确保社会组织自治能力和作用得到广泛认可和支持，才能保障社会组织在参与应急管理过程中做到"知行合一"。为此，需要从以下四个方面提升社会组织的参与效力。

一　提升社会组织应急管理参与动能

全社会需要综合发力，促进社会力量发展，使社会组织切实发挥应急管理效力，形成全社会共同防范风险的合力。

第五章　我国社会组织参与地方应急管理的改革与创新

一是加强社会组织党建工作，充分发挥党组织思想政治教育的引导作用、示范作用。在新时代，基层党组织建设的重点之一就是社会组织的党建工作。党建工作是社会组织建设的重要抓手，是大力推进社会治理创新的保障。加强社会组织党建工作，对于引领社会组织参与应急管理树立正确的方向、促进社会组织自身良性发展，激发社会组织参与应急管理热情，推动社会组织应急管理功能的全面发挥有着重要的意义。基层党委要加强对社会组织中党员的思想政治教育和管理，落实社会组织党建工作责任制，把社会组织党建工作的要求转化为社会组织切实履行责任，积极有效参与社会治理的动力。通过有效的信息传播、沟通、协调和利益整合等办法，通过在社会组织中建立健全党组织来推动社会组织贯彻落实应急管理工作的相关规定，用社会主义核心价值观引导、规范社会组织在应急管理中发挥积极作用。

二是在应急管理中，要强化社会组织自身的责任意识。马克思认为，"作为确定的人，现实的人，你就有规定，就有使命，就有任务，至于你是否意识到这一点，那是无所谓的"[1]。这对于由人组成的组织也同样适用。社会组织只有明确自身的责任，才能有效地参与到应急管理中。在新时代，社会组织除了追求自身合理的利益、承担自身责任之外，同时还要承担相应的社会责任，形成组织与环境之间相互协调发展的社会氛围，以有益于社会的行为推动社会高质量发展。社会组织在承担社会责任的同时，也实现了组织成员、组织集体、社会之间的良性活动，将组织成员的活动嵌入符合社会发展潮流中予以规范和引导。十九届四中全会提出了"建设人人有责、人人尽责、人人享有的社会治理共同体"。要使社会组织具有新时代担当的时代责任。要使社会组织认识到社会责任意识、公共危机意识、国家安全意识加强和提升的紧迫性和重要性。同时意识到自身是应急管理中重要的主体，在应急管理全过程中负有义不

---

[1]《马克思恩格斯全集》（第3卷），人民出版社1952年版，第329页。

容辞的责任和义务。

三是注重增强社会组织的自组织能力，充分发挥社会组织的民间性和自主性等优势，弥补政府的不足，在应急管理中发挥更大的作用。社会组织需要在提供各种服务及与政府合作的过程中进一步提升独立性。社会组织最重要的功能就是服务功能，在服务过程中，通过不同组织之间的资源共享，有利于服务水平的提升，同时形成精诚合作的团队精神，树立"信用至上"的公众形象，建设持续改进的学习型组织，最终在社会组织内部形成强大的凝聚力。抗击新冠肺炎疫情以来，中国志愿服务精神高涨。以此为契机，在社会组织参与应急管理过程中，在志愿精神的引领下规范内部治理结构，形成良好的内部治理机制，从而增强公众的危机参与意识，增强公众对治理主体身份的认同感，将应急管理合作的范围与效果进一步放大。

二　完善社会组织应急管理人才引育

社会组织参与应急管理能力的提升，也会促进社会组织进一步参与的动力和积极性。社会组织的能力决定了其参与应急管理的效果，也是公众能否信任社会组织重要的"试金石"。

第一，提升社会组织参与的技术能力。社会组织参与地方应急管理，务必具备足够的专业救援能力，而此种能力并非一日之功，这就要求参与应急管理的社会组织做好自己的领域定位，打造专业性的团队。注重专业人才的招募、培养、培训，政府向社会组织提供技术支持、教育培训和管理技能发展，使它们能够利用应急管理技术和设备。此外，通过举办应急管理相关会议、各种竞赛等方式，提高社会组织的技术能力。在社会组织中形成崇尚技术的文化，不仅可以促进社会组织对应急技术问题的更好理解，而且还可以促进与应急技术更有效的互动。政府也要在不同的社会组织之间构建横向的专业人才资源库，以使其在突发公共事件及危机爆发时，能够及时有效地调动专业人员赶赴现场，并为此进

第五章　我国社会组织参与地方应急管理的改革与创新 ◀◁

行专业的救助服务。社会组织必须注重人员专业素质养成，提升专业人员的综合能力。此外，专业人员必须具备奉献精神，务必从自律性、激励性等角度，对成员的行为进行有效的约束，特别是在危急时刻，这种职业素养不动摇不扭曲，能够持续稳定地在参与应急管理过程当中充分发挥作用。

由于目前我国社会组织的社会认同度不高，社会组织的工作环境还较为有限，因此，一些优秀的人才选择进入企业及政府组织，而社会组织管理人才、技术人才较为稀缺。因此，社会组织在人力资源管理方面急需加强建设。一是调整现有的内部治理结构，完善充实现有的激励机制，对于急需的人才、有突出贡献的人员，给予相应的物质激励和精神激励。二是增强育才环节，探索与企业、政府、学校合作等形式，与企业、高校联合办学，培养应急管理方面的专业人才，政府及职能部门应通过举办专业竞赛等方式提升其技能，如应急管理部于2019年5月，举办全国首届社会应急力量技能竞赛，竞赛设置破拆技能、水域技能、绳索技能3个类别12个竞赛项目，以区域分类选拔和全国集中竞赛的形式，选拔出一批优秀的社会应急救援力量，予以表彰奖励，全国333支队伍报名参赛[①]。三是广泛吸纳社会人才加入社会组织，依托所在社区、所在领域，平时对公众进行应急宣传和教育，从而激发公众中专业人士参与应急管理的积极性。尤其要注重对于专业人员的吸收，如消防部门退役人员，转业军人以及具备参与能力的其他居民。消防部门退役人员、转业军人在平时受到过一定的专业训练，具有一定的组织能力和技术水平，而公众则可以通过捐款捐物，筹集必要的物资。对于这些人员在深入挖掘的基础上还要形成组织建制，其中最为常见的就是社区医疗团队。此外，还可以成立包括心理咨询指导在内的其他专业技术团队。当突发事件发生以后，除了对于公共基础设施会造成显著的破坏之外，还会对人

[①]《全国首届社会应急力量技能竞赛获奖名单公布》，中国应急管理报，2019年5月10日，https://baijiahao.baidu.com/s?id=1633149213222850930&wfr=spider&for=pc。

员的心理产生重大影响,尤其是那些亲力亲为者,在短时间内会产生重大心理阴影,在一定时间内都难以自发消除,而心理咨询可以起到消除与灾民心理隔阂的作用,保证其确立正确积极向上的生活态度,尊重生命崇尚生命,尽快投入到生产生活恢复的第一线之中。而普通公众则可以对于一些损毁的公共设施,如道路、交通、通信、物资提供必要的体力劳动进行抢修,以保证其迅速地恢复秩序。在提供更加专业、更具针对性的社会服务基础上,还可以建立一套更加完善的应急管理工作服务咨询系统,使社会组织能够提供更加多样、细致、专业的应急管理服务。

第二,提升社会组织参与的组织能力。一方面,社会组织在应急管理参与过程中,要深入基层,收集广大公众的利益诉求。社会组织要认真学习、开阔视野,利用网络服务公众的有效功能,增强政府与社会公众对组织的信任和支持,进而积极主动参与政府应急管理相关项目。在参与中积累经验,在参与中壮大成员队伍,提高从业人员的综合素养,按照政府的有关规定和要求参与应急管理,加强组织与社会公众之间的交流与沟通,主动回应公众的新期待和新要求,满足公众对于公共产品和服务需求,增强公信力;另一方面,建立健全管理制度,完善有效的组织制度建设。需要进一步规范组织内部的行为,为进一步完善政府管理,建立健全监督机制,加强组织内部监督,防止出现社会组织行为失范现象,尤其是要加强自律,从而规范社会组织的行为。

为了更好地发挥技术能力和组织能力,社会组织需要合理定位、发挥专长。无论是新成立的社会组织,还是已有的社会组织,都应对自己的使命进行认真的梳理,在基层社会治理领域形成自己鲜明的目标定位,从而形成参与应急管理的使命感。社会组织在提供应急管理服务时,必须明确服务的公益性,强化职业道德,努力提高自律性。同时,社会组织参与应急管理既是发挥服务社会的功能,也是对组织自身能力的重要检验。在应急管理中,社会组织自身的不足会随着参与的进行而逐渐暴露出来。因此,社会组织需要制定可操作性的规范,明确工作人员的职

第五章 我国社会组织参与地方应急管理的改革与创新

责,以便加强内部管理,充分发挥自己专长,提供高质量的专业化的服务。社会组织应完善一系列参与的应急管理制度,根据专业范畴,建立救灾小组、指挥系统、工作流程和相应的奖惩规定,确保在突发事件及危机发生时,能够广泛的联合媒体、专家、学者、医疗卫生人员、政府机构投入一线工作。社会组织应该按照现代管理要素改进其内部治理,包括专业分工、部门设计、管理幅度、指挥链及权力运行等设计与再设计。对于董事会成员的任命、职责及义务进行明确的规定,同时对于其表现进行规范的、科学的绩效评估。对于理事会、监事会、管理层人员、专业技术人员及普通职员的分工务必合理规范,以保障社会组织能够有序的运营发展,形成有效制衡的法人治理结构。

三 打造社会组织应急管理枢纽平台

中国社会组织目前处于发展不均衡的状态,既存在数量较少、实力较弱的问题,同时也存在着公信力建设不足的问题,只有解决了这些问题才能充分发挥其参与应急管理的作用。为了使社会组织在应急管理过程中充分发挥作用,务必打造应急管理中的枢纽型社会组织。应急管理中枢纽型社会组织建设,既是一种理论上的有益设想,同时也是应急管理实践的迫切需要。需要努力建设一批规模雄厚、技术能力强、口碑较高的"头雁型"社会组织。在中国迈向社会主义现代化强国的进程中,应急管理能力始终是中国取得竞争力、创造力必不可少的前提条件。进入21世纪,经过20多年的发展、引导和支持,应急管理的枢纽型社会组织,取得了长足的进步。面对新形势,还应进一步加强应急管理枢纽型社会组织建设,促进社会组织间交流合作及高质量发展。

2008年9月,在北京市社会工作委员会出台的《关于加快推进社会组织改革与发展的意见》中首次出现了"枢纽型社会组织"的概念。虽然经历了十多年的发展,但是枢纽型社会组织依然应是应急管理工作中建设的重点之一,诸如,红十字会、慈善基金会就是枢纽型社会组织的典型代表。

所谓的枢纽型社会组织实际是对相同类别的社会组织"合并同类项"。在此基础上加强连接，形成系统性的力量，围绕其核心功能提供相应的服务。枢纽型社会组织其形成前提是搭建一个完整的以全体社会组织为统一的多元化利益整合平台，并共同努力形成组织整体合力，实现多元主体在社会治理中的目标耦合。枢纽型社会组织与其他社会组织是有区别的。虽然枢纽型社会组织起步较晚，但是这类社会组织通过内部的分工与合作形成的关系，以共同的价值导向引导社会组织发挥协同治理作用，其在应急管理中的主导性作用也日益凸显。政府需要与社会组织之间协调，激发政府与社会组织之间的默契关系。确保社会组织能够按照规则开展活动，并能够承接政府部门的职能。枢纽型社会组织属于社会组织中的组织，它可以起到上启政府下达的基层社会组织的作用。例如，政府可以将购买应急公共品的需求传递给枢纽型社会组织，枢纽型社会组织再将其传递给基层社会组织，就起到了平台桥梁的促进作用。而枢纽型社会组织，在服务好政府和基层社会组织需求的同时，能够获得双方的信任从而使政府将部分应急处置权力转移给枢纽型社会组织，这在一定程度上也会促进现有应急管理体系中"去科层化"的设置。

为了更好地发挥枢纽型社会组织在应急管理中的作用，可以采用如下的措施：一是承接政府购买应急管理公共产品的需求。政府可以授权枢纽型社会组织承担部分公共管理权限，同时政府可以在年度预算当中为枢纽型社会组织提供必要的财政资金，以使其在应急管理中发挥积极主动的作用，更有效地提供应急公共产品。二是枢纽型社会组织在得到政府财政预算支持的情况下，应该主动发挥其桥梁纽带的作用，做好服务社会，尤其是做好应急管理服务公共产品的提供，更加积极地参与到现有的应急管理体系之中。三是在人才培养和人才培育方面，枢纽型社会组织应当不断地创新人力资源管理制度，在人才招募、人才使用、人才培养、人才保障、人才退出机制等方面转换升级，不断地聚集更多的

第五章　我国社会组织参与地方应急管理的改革与创新

专业人才到枢纽型社会组织中。四是做好地方枢纽型社会组织的总体规划，由于地方财政资金的有限，应该首先加强枢纽型社会组织的建设，特别是要考虑枢纽型社会组织的定位、运行机制、主管部门，破解枢纽型社会组织建设过程当中资金短缺、人才短缺等急迫的问题，同时对于枢纽型社会组织功能的开展，要进行积极的调研。五是处理好枢纽型社会组织、地方政府、其他社会组织之间双向互动的关系。枢纽型社会组织的经费来源，主要是靠地方政府购买应急服务而获得，在此过程当中，要注意枢纽型社会组织不是政府的附庸，也并不是政府部门的分支。要确保枢纽型社会组织在人员、机构、职能等方面的独立性。特别是要加强在应急管理参与过程当中对于政府行为的监督。实际上，枢纽型社会组织与其他社会组织一样在应急合作中不断完善自己的应急管理服务功能。它与政府其他社会组织同属于应急网络当中的多元主体。

枢纽型社会组织的日常活动，也必须规约在法制框架内。这就要求枢纽型社会组织建设要以章程为依托，完善内部管理制度，构建能够完备履职、监督的制度体系，并形成有效运作、决策、问责的制度化建设，形成完整的管理体系。

四　严密社会组织应急管理参与保障

社会组织参与应急管理取得实效，不仅取决于自身能力建设同样取决于外部环境，为此需要做好如下保障工作。

一是保障信息网络。信息传递与交流既能为应急管理提供信息，也能加强政府和公众对社会组织参与的支持和监督，促进各类社会组织之间的互动交流。

社会组织有效参与应急管理重要的因素就是信息畅通，其为应急管理中社会组织间合作提供了保障。地方政府参与应急管理需要信息，社会组织进入救援现场需要信息，受灾群众与外界联系需要信息，社会媒体关注应急处置同样需要信息。准确而及时的信息，对于提升应急管理参与效能至关重要。近些年来微博、微信等即时通信工具、平台，都能为社会组织参与地方应急管理提供必要的信息支持。平台信息对于物资捐赠、信息公开也是必不可少的，因此这些信息平台也被称为应急管理参与的"第四权力主体"。在应急管理中，建立信息共享平台，更好地为受灾群众提供差异化服务，积极发挥网络媒体的作用，有助于促进信息交流和资源共享。各地方政府应加强应急管理信息平台的建设，尤其是作为智能终端的平台，将在应急管理中发挥更大的作用。

在应急管理发展过程中，中国正在积极构建信息化、智能化的应急管理信息系统，强化应急管理系统数字化资源整合。"万物互联的世界要求我们应适应科技信息化发展大势，以智能化信息化推进应急管理现代化。以5G、大数据、区块链、人工智能、北斗导航等新基建为支撑，按照总体设计、分步实施、急用先建、保障质量的原则，坚持统筹集约，坚持智能化方向，建设全国'一盘棋'的智能应用信息网。尽快实现全国各行业领域应急指挥信息网上下贯通，建成应急管理综合应用平台、应急物资保障和应急力量调动大数据平台和应急指挥一张图，全面提高应急通信保障水平和灾害事故信息获取能力，使信息化智能化支撑各级政府应急指挥调度能力有根本性提升与改观。"[1]

信息化、数字化、网络化的时代背景之下，基于网络有助于成员的招募、专业人才的孵化，同时，社会组织可以广泛利用各种即时通信平台，以及自建APP平台等方式，将不同社会组织的信息服务内容以及参与应急管理的经验进行传递，使社会组织之间增强互动，互相学习。特别是可以共建共享社会组织成员，发挥社会组织的各项专业领域特长，以便在参与应急管理过程当中发挥协同作用。

二是保障筹资机制。社会组织参与地方应急管理，必须有充足的资源投入，而绝大多数地方组织并不具备独立稳定的资金来源，因此为了

---

[1] 李雪峰：《我国应急事业高质量发展的新方略》，《中国应急管理》2021年第1期。

第五章　我国社会组织参与地方应急管理的改革与创新

保障社会组织能够高效持久地参与到地方应急管理体系之中，就要扩大自身的筹资渠道，持久有效地发挥作用。我国社会组织中有相当一部分是从原先的政府部门脱离出来的，还有一部分是挂靠在政府部门之下的，如中国慈善总会等，它们尚未摆脱对政府资源的依赖。大量民间社会组织由于组织章程不健全、自身筹资渠道狭窄、经营范围小、资源动员能力不强等，经费短缺问题突出，持续运作能力较弱。因而，这些生存能力不强的社会组织在应急管理中难以充分发挥作用。为此，社会组织应建立科学的筹资机制。一是要实现社会组织的规范化建设，形成社会组织总体发展目标定位，社会组织服务应急管理领域等详细说明，特别是对于社会组织的组织建设和思想建设各项规范的内部管理制度，如决策制度、财务制度、人事制度以及应急管理服务制度等明确加以说明。二是建立独立的、完整的监督评估机制，特别是对于社会组织参与地方应急管理过程当中，所凸显的各类问题，能够有翔实、客观、公正的评估，以促进社会组织参与应急管理功能的完善和发展。三是必须加强社会组织独立存在发展的能力，尤其是社会组织必须摆脱依赖政府的作风，不仅要在组织发展路径上有所创新，同时在组织管理上、组织人才培养上保持发展的动力。四是社会组织要增强生存能力，在法律允许的范围内能够通过政府财税支持、社会捐助、商业捐赠、社会服务等多种渠道筹募资金，真正实现自我资源的整合。社会组织可以和企业、政府部门加强联系，通过为其提供服务，使它们了解社会组织、认同社会组织，同时也使社会组织得到实惠和利益，能够志愿回馈社会，在应急管理中贡献力量。

社会组织必须不断强化自身的"造血"功能，即不断强化筹资能力。从目前国内外的实践来看，社会组织向企业等主体提供有偿服务，是主要获取资金的渠道。可以将筹资渠道扩展到国内国外，可以建立专门的宣传机构，为此进行募捐，并且在应急处置救助过程当中，积极宣传自己，建立基于社会信任基础的多方筹资渠道。社会组织要加强与企业的合作，解决资金、设备、场所等问题。在此过程当中，社会组织积极协助各类企业的捐赠活动，同时确保捐赠资金充分的利用和管理监督。社会组织还可以通过提供有偿服务以及慈善捐助等方式获取资金。

三是完善网络支持系统。网络支持系统是社会组织参与应急管理的重要保障。可以依托社区、志愿者、专门机构设立网络支持系统。以此作为社会组织参与的"中枢神经"，加大对应急管理全过程的指挥、调控力度。通过该系统社会组织拓宽了政府既有资源渠道，也提升了社会组织参与应急管理的信息化水平。社会组织可以通过聘请专家做决策分析、技术分析，对搜集到的信息进行分析和探讨，提出行动方案。这一网络系统也应连接全国性的互联网监管平台、公益保险机构、救灾志愿者协会，及时搜集有效的信息，并把收集过程中的所有信息传递给各社会组织，为其参与应急管理提供应对策略和决策辅助支持。这一网络系统可以连接政府专门的应急管理平台，政府可以通过信息发布让社会组织参与到政府的应急管理工作中。公开、透明、及时的信息，可以降低应急管理参与过程中的信息不对称，也利于社会组织为应急管理参与做好充足的准备工作。通过网络系统，社会组织与公众开展对话，实现与公众的沟通交流，就应急管理中决策制定、执行，达成共识，减少政府回应的时滞与负担。

社会组织还应积极探索国际交流经验。在全球化日益深化的今天，突发公共事件及危机也具有国际化的趋势，诸如环境保护、种族冲突、自然灾害等事件越来越呈现跨区域、跨国界的特点。专业化的社会组织，不受国籍、文化的限制，应该加强与国际组织的信息交流，人才流动与合作互助。在突发公共事件及危机发生时，国际的技术、资源、治理经验等经由国际社会组织进行传递，对我国的应急管理必然大有裨益。一方面可以通过论坛、互访等形式，与国际社会组织加强交流，学习其先进的治理手段。可以借鉴国外社会组织参与地方应急管理的科学化、规范化的组织操作经验。另一方面要积极开展国际合作，与国际社会组织

第五章　我国社会组织参与地方应急管理的改革与创新

签署合作框架协议,达成长期互助合作。现阶段可引进知名专家和学者到我国访问、讲学、交流经验。同时,大力发掘、培养社会组织领导人才。适时选派社会组织优秀人才前往发达国家进修学习,学习社会组织参与应急管理先进经验。另外,在交流与合作中,还可以积极争取境外社会组织对我国社会组织给予经验、技术的帮助,建立国际交流平台,开展具有国际视野的合作项目。但是,与国际社会组织交往的同时,需要保障我国的国家安全,警惕国外社会组织以交流合作的名义损害国家主权与安全。

总之,上述基本经验对社会组织参与应急管理具有较强的理论价值与现实价值。在平等、开放、包容等价值理念的引导和浸润下,社会组织既为应急管理做出了重要的贡献,同时也在实践中锻炼了自身的能力。社会组织在应急管理领域大有作为,但是同时也要看到社会组织存在着自身的盲区与局限。在应急管理网络中,社会组织、政府等多元主体都可以发挥自身的优势,规避自身的不足。社会组织参与应急管理与国家的制度安排和多主体权责体系设计是高度契合的,这也是社会组织自身发展、参与应急管理的内在动力。

第六章　结语与展望

进入 21 世纪以来，伴随着经济社会的快速发展，突发公共事件及危机发生的频率也在不断升高，其不断挑战国家应急管理体系，对国家应急管理能力提出了更高的要求。《中国共产党第二十次全国代表大会报告》指出："我们要坚持以人民安全为宗旨、以政治安全为根本、以经济安全为基础、以军事科技文化社会安全为保障、以促进国际安全为依托，统筹外部安全和内部安全、国土安全和国民安全、传统安全和非传统安全、自身安全和共同安全，统筹维护和塑造国家安全，夯实国家安全和社会稳定基层基础，完善参与全球安全治理机制，建设更高水平的平安中国，以新安全格局保障新发展格局。"不断提升应急管理能力，构建有能力、有担当的应急管理主体，反应快，效果好的应急管理体系，已成为当前国家治理能力和国家治理体系现代化建设中的重要课题。中国应急管理体系在应急管理法制、机制、体制等方面，已经得到了进一步的完善，尤其是在经历了重大的突发公共事件及危机的实践后，我国的应急管理体系建设及应急管理能力均达到了崭新的水平。在国家应急管理体系中，地方层面的应急管理是极其重要的组成部分。新时代对地方应急管理也提出了较高的要求。当前社会组织作为地方应急管理的重要组成部分，已经扮演了重要的参与角色，发挥了丰富的参与功能，展现了巨大的参与价值。

一 新时代完善社会组织参与地方应急管理的意义

（一）社会组织参与是应对不确定性力量的重要补充

从实践来看，当突发公共事件及危机爆发后，单独依靠政府的力量很难做到面面俱到。2020年以来，大量社会组织包括基金会、社会团体、专业救援队伍等参与到各种突发公共事件处置中，弥补了政府力量的不足。社会组织的参与已经深深的嵌入到既有的应急管理体系中。

（二）社会组织参与是创新应急管理范式的基础

中国已经形成了以"一案三制"为核心的应急管理体系。突发公共事件及危机的日趋复杂性，对既有的应急管理体系提出了创新的要求。应急管理范式的创新，需要经过实践的检验，即实践是检验应急管理体系是否有效的唯一标准。2020年以来，大量社会组织积极进行社会动员，有效参与各级各类突发公共事件的联防联控，取得了显著的参与效果。社会组织的参与"织密"了应急管理的多节点网络。

（三）社会组织参与是复杂形势下地方经济社会稳定发展的保障

全球性突发公共事件，对于国家乃至全球的政治、经济、科技、文化等诸多方面造成了重大的影响，对人类命运共同体的发展产生了深远的影响。经济社会的全面稳定发展，需要多元力量共同维系。2020年以来，在应急管理中，大量社会组织快速反应、强化联动，形成了较为高效的应急联动闭环机制。社会组织的参与，既是应急管理体系的重要保障，也是经济社会稳定发展的重要基石。

二 新时代提升社会组织参与地方应急管理的关键

（一）提升社会组织参与的动力

社会组织参与地方应急管理，需要达成从"要我做"到"我要做"的转变。需要在社会组织当中实现党组织和党引领工作的有效覆盖，夯实党建工作的基础，实现社会组织内部管理和党建工作双向联通。需要进一步凝练、强化社会组织的宗旨目标，形成具有高度认同感的组织文化，并将其转化为组织成员的神圣使命，形成志愿服务精神，提升志愿服务热情，吸引更多的公众参与应急管理。

（二）提升社会组织参与的活力

社会组织参与地方应急管理，需要进一步确保形成持续、旺盛的生命力。需要为社会组织提供有效的支撑保障体系，特别是法律支撑、财力支撑。需要提供孵化资助服务，不断完善向社会组织购买应急管理公共产品和应急管理公共服务的机制。需要培育丰厚的社会资本，以保障社会组织具备充分的生存发展空间，同时形成社会组织内部的资源整合机制，进一步释放社会组织自身的活力及参与应急管理的活力。

（三）提升社会组织参与的能力

社会组织有效参与地方应急管理，关键在于自身的能力和水平。在应急管理中，已经有一批社会组织脱颖而出。需要进一步引领社会组织专业化发展，吸引具有各类专业技术、管理能力的专职、兼职人员加入到社会组织中，优化社会组织的人才结构、壮大社会组织的人才储备。需要进一步增强对社会组织人员的技术培训和技术检验工作，形成一批符合应急管理需求的、具备专业资质的社会组织。

（四）提升社会组织参与的效力

社会组织有效参与地方应急管理，取决于应急管理多元主体参与体系的设计。社会组织需要进一步做好自身在应急管理体系、过程中的定位，明确自己专业范围所属及能力范围所属。需要进一步优化包括社会组织在内的多元主体的应急管理协同机制设计，明确多元主体的角色、分工及职责。同时，针对社会组织在应急管理全过程中的表现需要做出及时、准确、客观的评估，以利于其进一步改进，不断提升其参与效力。

（五）提升社会组织参与的魅力

社会组织有效参与地方应急管理，良好的社会组织形象以及社会支持氛围是关键。需要改变部分公众对社会组织急功近利、贪图私利以及参与应急管理不力的负面印象。需要社会组织进一步正确面对压力，防止社会组织内部结构不协调带来的治理失灵。需要社会组织进一步与公众开放、互通信息，形成多方监督机制，保障社会组织参与行为的透明性、正当性和合法性。

三 新时代推进社会组织参与地方应急管理的展望

（一）推进社会组织全视域参与地方应急管理

伴随着应急管理体系实现全社会、全领域的覆盖，必将推动社会组织全面参与应急管理。社会组织参与应急管理将不是以往的"点—面"、"点—线"参与，而将是全方位地、立体地参与。社会组织将参与包括自然灾害、事故灾难、公共卫生事件和社会安全事件在内的全部类型的应急管理。社会组织将参与包括预警、准备、处置以及恢复与重建全过程的应急管理。社会组织将参与沟通、决策、指挥、处置、保障、评估全要素的应急管理。

（二）健全社会组织模式化参与地方应急管理

伴随应急管理体系的不断完善发展，社会组织参与应急管理的模式也将不断健全。将进一步规范社会组织参与应急管理的法制化，不断完善社会组织参与的权利与责任、行为规范与司法保护。将进一步完善社会组织参与应急管理的组织化建设，不断完善组织结构、流程设定、工作分工、权力与职责设计等方面。将进一步达成社会组织参与应急管理的标准化建设，不断完善应急值守、预案编制、应急培训与演练、设备设施使用、应急队伍管理、物流体系保障等方面。将进一步实现社会组织参与应急管理的专业化，不断完善管理方法、技术手段、监测评估等环节。

（三）高科技赋能社会组织参与地方应急管理

伴随着云计算、大数据、5G、人工智能等现代科学技术的不断进步，社会组织参与应急管理也将不断由高科技赋能，形成全感知、全智能、全计算、全生态的应急管理系统。将进一步建设社会组织参与应急管理的指挥平台，实现多元参与主体的远程指挥协同，并辅以人工智能进行决策辅助，实现指挥系统的高度智能化。进一步完善社会组织参与应急管理的信息平台，形成稳定、精准、可靠的多媒介接口，提供跨平台、多手段的融合调整。进一步完善社会组织参与应急管理的技术平台，完善全程跟踪，全程技术保障以及智能感应的技术架构，对社会组织参与应急管理的关键数据实时监控，完善事故隐患智能分析及技术咨询智能化处理。

总之，在党中央、国务院的坚强领导下，在以人为本、人民群众生命利益至上的理念指导下，伴随着应急管理体系的不断完善，社会组织的不断发展壮大，社会组织将更加高效地参与应急管理，形成全社会、全方位、人人共享、人人共治的应急治理理格局，高效应对突发公共事件及危机带来的各种困难和挑战，坚实保障到2035年基本实现社会主义现代化、到21世纪中叶全面建成富强、民主、文明、和谐、美丽的社会主义现代化强国的宏伟目标！

参考文献

中文

《马克思恩格斯全集》(第3卷),人民出版社1952年版。

白书祥:《微观社会资本欠缺对突发事件应急管理的负面影响及对策》,《学术交流》2010年第10期。

包刚升:《政治学通识》,北京大学出版社2015年版。

曹海峰:《新时代公共安全与应急管理》,社会科学文献出版社2019年版。

《九江蓝天救援队:一支民间非正规军的夹缝生存》,长江周刊,2015年,https://jj.jxnews.com.cn/system/2015/08/15/014156550_03.shtml。

陈栋栋:《我国公共危机管理中政府与社会组织合作问题研究》,硕士学位论文,河南大学,2018年。

陈军:《善治视域下社会组织参与基层协商治理考察》,《红河学院学报》2021年第1期。

陈世华:《浅谈日本全民防灾教育体系的建立和发展》,《城市与减灾》2020年第3期。

陈振明:《走向一种"新公共管理"的实践模式——当代西方政府改革趋势透视》,《厦门大学学报》(哲学社会科学版)2000年第2期。

褚松燕、宋雄伟、于现忠:《从灾害管理到灾害治理:中国城市社区减灾防灾救灾体系研究》,《中国治理评论》2014年第10期。

邓国胜：《响应汶川：中国救灾机制分析》，北京大学出版社2009年版。

邓钤文：《社会组织参与灾后社区治理综述》，《南方论刊》2018年第9期。

丁元竹：《价值意义与工具意义上的社区——关于社区建设和社区治理的探索》，《中国治理评论》2013年第2期。

董幼鸿：《社会组织参与城市公共安全风险治理的困境与优化路径——以上海联合减灾与应急管理促进中心为例》，《上海师范大学学报》（哲学社会科学版）2018年第4期。

范铁中：《社会组织参与社会矛盾化解的作用探析》，《青海社会科学》2013年第1期。

冯秀玲：《社会组织参与国家治理的逻辑理据》，《法制与社会》2018年第22期。

高芙蓉：《社会资本视域下社会组织参与应急治理的路径研究》，《河南社会科学》2020年第2期。

高红、宫雪：《AGIL框架下社区社会组织的功能系统与提升路径》，《南京师大学报》（社会科学版）2018年第5期。

高小平：《"一案三制"对政府应急管理决策和组织理论的重大创新》，《湖南社会科学》2010年第5期。

缑杰：《依附式合作：基层社会治理中社会组织与政府的互动关系研究》，硕士学位论文，南京师范大学，2017年。

顾林生，马东周：《日本社区应急管理体系建设及其启示》，《中国应急管理科学》2021年第2期。

国务院办公厅：《国家突发环境事件应急预案》，2014年12月29日国务院办公厅以国办函〔2014〕119号印发。

国务院办公厅：《国家自然灾害救助应急预案》，2016年3月24日国务院办公厅公布。

国务院办公厅：《社会团体登记管理条例（修订版）》，2016年1月13

日国务院第 119 次常务会议通过。

国务院办公厅：《生产安全事故应急条例》，2019 年 2 月 17 日国务院总理李克强签署国务院令（第 708 号）。

国务院办公厅：《突发公共卫生事件应急条例》，2003 年 5 月 7 日，经国务院第 7 次常务会议通过。2003 年 5 月 9 日，签发中华人民共和国国务院令第 376 号予以公布，2011 年 1 月 8 日根据《国务院关于废止和修改部分行政法规的决定》修订。

国务院办公厅：《志愿服务条例》，2017 年 6 月 7 日经国务院第 175 次常务会议通过，2017 年 8 月 22 日由国务院于发布。

胡宁生：《政府机构改革与行政体制重构》，《南京政治学院学报》1998 年第 4 期。

胡泳、郝亚洲：《知识论导言》，机械工业出版社 2015 年版。

黄明威：《社会组织参与公共危机管理探索》，《法制与社会》2012 年第 28 期。

黄燕芬、韩鑫彤、杨泽坤等：《英国防灾减灾救灾体系研究（上）》，《中国减灾》2018 年第 11 期。

［德］H. 哈肯：《协同学》，徐锡申等译，原子能出版社 1984 年版。

［德］H. 哈肯：《信息与自组织》，本书翻译组译，四川教育出版社 1988 年版。

姜志遥：《社会组织参与应急管理问题探讨》，《辽宁行政学院学报》2015 年第 4 期。

蒋汝忠：《风雨无阻的 130 个小时——浙江省丽水市里东村"11·13"山体滑坡灾害救援纪实》，《中国应急管理》2015 年第 11 期。

金华：《我国公共危机治理的挑战与回应——社会组织参与的视角》，《甘肃社会科学》2019 年第 4 期。

金家厚：《转型期我国非政府组织的发展定位与模式构建》，《新疆社会科学》2003 年第 4 期。

孔新峰：《英国减灾救灾社会参与机制分析》，《社会主义研究》2011年第4期。

李贝雷、陆婷：《协同治理视角下加强公共危机管理中志愿者服务有效性的对策探析》，《黔南民族师范学院学报》2019年第5期。

李峰：《我国灾害救援中的社会组织参与》，《中国减灾》2013年第15期。

李峰：《英国社会组织参与公共服务供给的历程及启示》，《哈尔滨市委党校学报》2015年第7期。

李晓然、陈海燕、万志红：《大数据时代社会治理网络化的思考》，《小品文选刊：下》2016年第1期。

李艳云、吴林海、浦徐进等：《影响食品行业社会组织参与食品安全风险治理能力的主要因素研究》，《中国人口·资源与环境》2016年第8期。

梁德友、刘志奇：《社会组织参与群体性事件治理研究：功能、困境与政策调适》，《河北大学学报》（哲学社会科学版）2016年第3期。

廖鸿：《推进社会组织高效有序参与救灾》，《中国减灾》2015年第11期。

廖垦、黄晓伟、王锐：《英国应急志愿服务的经验及对我国的启示》，《行政管理改革》2012年第2期。

林成：《从市场失灵到政府失灵：外部性理论及其政策的演进》，长春吉林大学出版社2011年版。

［美］林南：《社会资本——关于社会结构与行动的理论》，张磊译，上海人民出版社2005年版。

吕志奎、胡薇薇：《政府在构建和谐社会中应该做什么》，《领导文萃》2005年第5期。

罗天纯：《应急管理中社会组织参与浅析》，《社团管理研究》2011年第8期。

［美］米尔顿·弗里德曼：《资本主义与自由》，张瑞玉译，商务印书馆1986年版。

［美］米切尔·林德尔：《应急管理概论》，王宏伟译，中国人民大学出版社2011年版。

《面对洪灾，社会力量做了什么，有哪些挑战？》，南都观察，2020年，https：//www.sohu.com/a/413484647_481285。

聂国欣、于海龙：《社会组织参与公共危机治理的途径》，《人民论坛：中旬刊》2015年第10期。

牛文元：《社会物理学与中国社会稳定预警系统》，《中国科学院院刊》2001年第1期。

彭宗超、陶鹏：《中国应急管理研究报告（2012—2013）：应急准备文化建设》，清华大学出版社2014年版。

全球治理委员会：《我们的全球伙伴关系》，香港：牛津大学出版社1995年版。

《为什么民法典用"社会服务机构"，而不再用"民办非企业单位"的概念？》，人民政协网，2020年，http：//www.rmzxb.com.cn/c/2020-08-07/2639342.shtml。

日本外务省：《灾害预防》，2022年，https：//www.mofa.go.jp/policy/disaster/21st/2.html。

日本总务省消防厅国民保护与防灾部：《地方防灾行政的现状（2021年）》。

闪淳昌：《中国突发事件应急体系顶层设计》，科学出版社2017年版。

沈燕梅、张斌：《社会组织参与应急救援的现状、困境与路径探析》，《广东行政学院学报》2020年第2期。

石奎：《社会组织参与救灾应急的作用研究》，《人民论坛：中旬刊》2011年第9期。

史培军：《建立巨灾风险防范体系刻不容缓》，《求是》2008年第8期。

［美］斯蒂尔曼：《公共行政学：概念与案例》，竺乾威译，中国社会科学出版社 1989 年版。

宋雄伟：《英国应急管理体系中的社区建设》，《公共管理研究》2013 年第 1 期。.

孙娣：《新时代我国社会组织参与突发事件应急管理的政策与实践发展路径探析》，《中国应急管理科学》2019 年第 12 期。

孙多勇：《突发事件下民众风险感知与行为决策研究述评》，湖南省第六届公共管理论坛会议论文，长沙，2007 年 11 月。

孙华山：《坚持以人民为中心加强安全生产应急管理》，《学习时报》2017 年第 7 期。

孙录宝：《社会组织参与化解重大群体性事件和公共安全事件治理研究》，《社团管理研究》2012 年第 2 期。

滕五晓：《雪灾考验应急救援机制》，《上海经济》2008 年第 4 期。

田建伟：《社会组织在基层社会治理中的作用分析》，《河南教育学院学报》（哲学社会科学版）2016 年第 2 期。

田小彪：《政府与社会组织合作治理机制研究》，《安徽行政学院学报》2013 年第 4 期。

万银锋、闫妍：《党领导社会组织：必然逻辑、现实困境与应对策略》，《中州学刊》2020 年第 4 期。

王帆宇：《社会组织参与社会治理：现实困境与优化策略》，《湖北社会科学》2018 年第 5 期。

王光、秦立强、张明：《试论政府应急管理的社会合作机制》，《中国人民公安大学学报》（社会科学版）2006 年第 5 期。

王宏伟：《试析应急社会动员的基本问题》，《中国应急管理》2011 年第 8 期。

王名、刘国翰、何建宇：《中国社团改革——从政府选择到社会选择》，社会科学文献出版社 2001 年版。

王饶：《西安市社会组织参与应急管理研究》，硕士学位论文，长安大学，2014年。

王义：《提升青岛市社会组织参与应急管理效能研究》，《中共青岛市委党校青岛行政学院学报》2013年第12期。

王郅强、彭宗超、黄文义：社会群体性突发事件的应急管理机制研究——以北京市为例《中国行政管理》2012年第7期。

魏加宁：《危机与危机管理》，《管理世界》1994年第6期。

文宏：《基于整体性治理理论的灾害风险治理体系优化》，《西北师大学报》（社会科学版）2015年第4期。

文军：《中国社会组织发展的角色困境及其出路》，《江苏行政学院学报》2012年第1期。

《习近平给"郭明义爱心团队"回信》，《人民日报》2014年3月5日第001版。

肖飞：《社会组织参与群体性事件治理的路径依赖》，《中国社会组织》2012年第4期。

肖文涛：《突发事件与应急管理体系建设》，中共中央党校出版社2015年版。

肖彦：《论志愿者精神》，博士学位论文，中南大学，2014年。

邢宇宙：《协同治理视角下我国社会组织参与灾害救援的实现机制》，《行政管理改革》2017年第8期。

熊蕊：《新时期社会风险治理中社会组织的参与路径研究——基于江苏社会风险的视角》，《天水行政学院学报》（哲学社会科学版）2015年第1期。

徐祖荣：《协同治理视野下社会组织参与社会管理创新的经验逻辑：价值取向与路径选择》，中国行政管理学会2011年年会暨"加强行政管理研究推动政府体制改革"研讨会论文，北京，2011年11月14日。

徐祖迎：《社会组织参与冲突治理的功能和策略》，《苏州科技学院学报》

（社会科学版）2017年第3期。

薛澜、朱琴：《危机管理的国际借鉴：以美国突发公共卫生事件应对体系为例》，《中国行政管理》2003年第8期。

燕继荣：《投资社会资本：政治发展的新维度》，北京大学出版社2006年版。

杨方方、陈少威：《政府购买公共服务的发展困境与未来方向》，《财政研究》2014年第2期。

杨团、朱健刚：《慈善蓝皮书：中国慈善发展报告（2020）》，社会科学文献出版社2020年版。

叶姗：《论财政危机困局及其法律成因与转机》，《财税法论丛》2007年第1期。

壹基金：《7·20河南省及周边省份暴雨洪涝灾害救援行动阶段工作报告》，2021年，https：//s.onefoundation.cn/pdf/c/d/e37391-f4665d-bd11af/7·20+河南省及周边省份暴雨洪涝灾害救援行动阶段工作报告.pdf.

佚名：《英国应急管理考察报告》，《中国应急管理》2007年第1期。

应急管理部：《全面强化"四项应急准备"》，2022年，https：//www.119.gov.cn/article/46HxwckQwBk。

应急管理部：《如何推动社会救援力量发挥更大作用？代表委员有话说》，2019年，https：//www.mem.gov.cn/hd/zxft/201903/t20190312_245143.shtml。

于小艳：《基层社会组织参与应急管理的困境与对策》，《湖南行政学院学报》2014年第3期。

余娴丽、蔡晓良：《我国社会组织建设的可能性与必然性微探——基于马克思共同体思想视角》，《福建省社会主义学院学报》2012年第6期。

俞可平：《权利政治与公共政治》，社会科学文献出版社2005年版。

俞可平：《中国公民社会：概念、分类与制度环境》，《中国社会科学》

2006年第1期。

岳经纶：《中国社会政策60年》，《湖湘论坛》2009年第4期。

岳经纶、李甜妹：《合作式应急治理机制的构建：香港模式的启示》，《公共行政评论》2009年第6期。

詹承豫、宣言：《城市风险治理中的风险沟通制度——基于30部法律规范的文本分析》，《行政法学研究》2016年第4期。

张成福：《当代西方政府再造的核心理念：企业型政府》，《中国改革》1998年第9期。

张成福、谢一帆：《危机管理新思路》，国家行政学院出版社2015年版。

张华荣、张佳楠：《社会组织参与公共危机治理：价值、困境与路径》，《中共山西省委党校学报》2014年第5期。

张勤：《志愿服务参与应急管理》，中共中央党校出版社2021年版。

张勤、姜媛媛、汲君：《公共危机治理的社会组织参与耦合机制探微》，《理论探讨》2010年第2期。

张勤、张书菡：《志愿服务参与应急管理的能力提升探析》，《中国行政管理》2016年第5期。

张素娟：《国外减灾型社区建设模式概述》，《中国减灾》2014年第1期。

张文宏：《网络社群的组织特征及其社会影响》，《江苏行政学院学报》2011年第4期。

张勇攀：《从战场到火场的"老兵"——记云南丽江"老兵志愿消防救援队"》，《中国消防》2005年第23期。

张悦、徐涛、张秋霞：《社会组织参与社会矛盾化解机制研究》，《法制与社会：旬刊》2019年第28期。

赵德胜：《反思与转进：转型期社会志愿组织可持续发展机制的构建》，《理论月刊》2014年第1期。

赵炜：《社会组织参与群体性事件治理优势研究》，《河北公安警察职业学院学报》2017年第3期。

赵文华、祁越：《应急救援学》，国防大学出版社 2015 年版。

《中华人民共和国突发事件应对法》，2007 年 8 月 30 日由中华人民共和国第十届全国人民代表大会常务委员会第二十九次会议通过。

中国农工民主党：《社会力量参与应急救援的法律制度研究与思考》，2019 年，http：//www.ngd.org.cn/lzjy/yzjy/63720.htm。

中国志愿服务联合会编：《中国志愿服务发展报告（2017）》，社会科学文献出版社 2017 年版。

中华人民共和国国务院新闻办公室：《白皮书：抗击新冠肺炎疫情的中国行动》，2020 年，http：//www.xinhuanet.com/politics/2020-06/07/c_1126083364.weis。

钟开斌：《"一案三制"：中国应急管理体系建设的基本框架》，《南京社会科学》2009 年第 11 期。

周领：《社会组织参与群体性事件治理的功能探析》，《山东农业工程学院学报》2018 年第 8 期。

周如南、王蓝、伍碧怡等：《公益创投的本土实践与模式创新——基于广州、佛山和中山三地的比较研究》，《经济社会体制比较》2017 年第 5 期。

周秀平、刘求实：《社会组织危机参与的效果研究》，《重庆大学学报》（社会科学版）2012 年第 4 期。

综合：《驰援阜宁，社会组织在行动》，《中国社会组织》2016 年第 13 期。

英文

Alan H. Kwok, Emma E. H. Doyle, Julia Becker, David Johnston and Douglas Paton, "What is 'Social Resilience'? Perspectives of Disaster Researchers, Emergency Management Practitioners, and Policymakers in New Zealand", *Journal of Disaster Risk Reduction*, Vol. 19, 2016.

参考文献

Alexis de Tocqueville, *Democracy in America Vol.* II, New York: Harper and Row, 1966.

Benjemin Gidron, Ralph M. Kramer and Lester Salamon, *Government and the Third Sector: Emerging Relationships in Welfare States*, San Francisco: Jossey-bass Publishers, 1992.

Bourdieu Pierre, *Distinction: A Social Critique of the Judgement of Taste*, Cambridge, Massachusetts: Harvard University Press, 1996.

British RedCross, People Power in Emergencies: An Assessment of Voluntary and Community Sector Engagement and Human-Centred Approaches to Emergency Planning, November 2019, https://www.redcross.org.uk/about-us/what-we-do/we-speak-up-for-change/people-power-in-emergencies.

Daniel P. Aldrich and Michelle A. Meyer, "Social Capital and Community Resilience", *American Behavioral Scientist*, Vol. 59, No. 2, 2015.

FEMA, FEMA Strategic Plan 2018-2022, 2022, https://www.fema.gov/sites/default/files/2020-03/fema-strategic-plan_2018-2022.pdf.

FEMA, "Guide for All-Hazard Emergency Operations Planning", 1996, http://www.fema.gov/pdf/plan/slg101.pdf.

Goran Hyden, "Building Civil Society at the Turn of the Millennium", in John Burbidge, eds. Beyond Prince and Merchant: Citizen Participation and the Rise of Civil Society, New York: Pact Publications, 1998.

Graham Cuskelly, Tracy Taylor, Russell Hoye and Simon Darcy, "Volunteer Management Practices and Volunteer Retention: A Human Resource Management Approach", *Sport Management Review*, Vol. 9, No. 2, September 2006.

James Colemanm, *Foundations of Social Theory*, Cambridge: The Belknap Press, 1990.

Karin Aggestam, *Conflict Prevention: Old Wine in New Bottles*, London: Frank Cass Publishers, 2003.

Kevin Pollock and Eve Coles, Interoperability Theory & Practice in UK Emergency Management, *EPC Occasional Papers New Series*, No. 13, April 2015, https://www.researchgate.net/publication/336719659_Interoperability_Theory_Practice_in_UK_Emergency_Management.

Lester M. Salamon: The Rise of Nonprofit Sector, Dcu Business School Research Paper, Vol. 73, April 1994.

Murray Turoff, "The Paradox of Emergency Management", paper delivered to Ethical, Legal and Social Issues Proceedings of the ISCRAM 2015 Conference, Kristiansand, May 24-27, 2015.

Naim Kapucu and Vener Garayev, "Designing, Managing, and Sustaining Functionally Collaborative Emergency Management Networks", *American Review of Public Administration*, Vol. 43, No. 3, 2013.

NAVCA, NAVCA Impact Report 2021, https://navca.org.uk/impact-report.

NCVO, "UK Civil Society Almanac 2022", 2022, https://beta.ncvo.org.uk/ncvo-publications/uk-civil-society-almanac-2021/volunteering/.

Nuray Karanci and Bahattin Aksit, "Building Disaster Resistant Communities: Lessons Learned from Past Earthquakes in Turkey and Suggestions for the Future", *International Journal of Mass Emergencies and Disasters*, Vol. 18, No. 3, 2000.

Paloma Díaz, Ignacio Aedo and Sergio Herranz, "Citizen Participation and Social Technologies: Exploring the Perspective of Emergency Organizations", paper delivered to International Conference on Information Systems for Crisis Response and Management in Mediterranean Countries, ISCRAM-med, 2014.

Paul James, Yaso Nadarajah, Karen Haive and Victoria Stead, Sustainable Communities, Sustainable Development: Other Paths for Papua New Guinea, Honolulu: University of Hawaii Press, 2012.

Rajib Shaw and Katsuihciro Goda, "From Disaster to Sustainable Civil Society: The Kobe Experience", *Disasters*, Vol. 28, No. 1, 2004.

Robert A. Stallings and Enrico L. Quarantelli, "Emergent Citizen Groups and Emergency Management", *Public Administration Review*, Vol. 45, No. 4, 1985.

Robert Bolin and Lois Stanford, "The Northridge Earthquake: Community-Based Approaches to Unmet Recovery Needs", *Disasters*, Vol. 22, No. 1, March 1998.

Robert D. Putnam, "The Prosperous Community: Social Capital and Public Life", *The American Prospect*, Vol. 13, 1993.

Robert Putnam, *Making Democracy Work: Civic Traditions in Modern Italy*, Princeton NJ: Princeton University Press, 1992.

Scott E. Robinson, Warren S. Eller, Melanie Gall and Brian J. Gerber, "The Core and Periphery of Emergency Management Networks", *Public Management Review*, Taylor & Francis Journals, Vol. 15 No. 3, 2013.

Shari R. Veil, Robert S. Littlefield and Katherine E. Rowan, "Dissemination as Success: Local Emergency Management Communication Practices", *Public Relations Review*, Vol. 35, No. 4, November 2009.

Thomas Corothers, "Think Again: Civil Society", *Foreign Policy*, 1999.

UK Cabinet Office, Community Resilience Development Framework, 2019, https://assets.publishing.service.gov.uk/government/uploads/system/uploads/attachment_data/file/828813/20190902-Community_Resilience_Development_Framework_Final.pdf.

UK Cabinet Office, "Management and Co-ordination of Local Operations",

April 10, 2009, http://www.cabinetoffice.gov.uk/media/132053/err_chap_03.pdf.

UK Secretary of State for the Home Department, Compact on Relations between Government and the Voluntary and Community Sector in England, November 1998, https://www.icnl.org/wp-content/uploads/United-Kingdom_CompactEngland.pdf.

Uta Wehna, Maria Rusca, Jaap Evers and Vitavesca Lanfranchi, "Participation in Flood Risk Management and the Potential of Citizen Observatories: A Governance Analysis", *Environmental Science & Policy*, Vol. 48, 2015.

William L. Waugh Jr., "The Political Costs of Failure in the Katrina and Rita Disasters", *Annals of the American Academy of Political and Social Science*, Special Issue on "Shelter from the Storm: Repairing the National Emergency Management System After Hurricane Katrina," Vol. 604, No. 3, 2006.

災害ボランティアセンターについて, 2017, https://www.hyogo-vplaza.jp/archives/001/201708/%E8%B3%87%E6%96%996-2.pdf.

后 记

进入21世纪以来，中国社会主义建设事业蓬勃发展。虽然在其间遭遇了SARS、汶川地震、南方雪灾等重大突发公共事件，但是在中国共产党的坚强领导下，顺利通过了场场严峻的考验。党的十八大以来，中国应急管理体系建设取得了长足的进步，尤其是推动我国社会组织参与应急管理进入新的发展阶段。2020年以来，中国、全球正经历新冠肺炎疫情的大考，同样在党中央、国务院坚强领导下，全国统筹疫情防控和经济社会发展，统筹发展和安全，中国取得了令全世界为之瞩目的"高分"答卷。在新冠肺炎疫情的应对过程中，社会组织的积极参与为疫情的有效防治作出了重要的贡献。面对百年变局和世纪疫情交织的严峻形势，我们深感有必要探寻社会组织在地方应急管理参与过程中的有益经验和做法，以有利于社会组织在参与地方应急管理中发挥更大的作用。

本书旨在探讨中国社会组织参与地方应急管理的现状、特点及经验，构筑地方政府、社会组织、企业、公众等多元主体有效参与应急管理的网络，激发社会组织的志愿精神，形成有效参与应急管理的合力，提升应急管理效能。

本书是在吉林省社会科学基金项目"地方应急管理中社会组织参与研究"的基础上完成的。本书的出版得到了吉林师范大学学术专著出版项目的支持。本书的出版是我们项目组集体的成果，也是我们在社会组织参与应急管理方向的首部研究作品。感谢吉林师范大学科研处、管理学院同仁的大力支持。感谢吉林师范大学硕士生宋启维、李茜、王刚的资料整合与帮助校对。感谢为我们提供调研方便的吉林省、四平市应急管理部门。感谢中国社会科学出版社的大力协助。

社会组织参与地方应急管理是一项庞大、复杂的系统工程。由于作者水平有限,恳请读者对书中的错误、不妥之处,提出宝贵的批评意见。

李 琦

2022年10月于吉林四平